Line Beaunol

Les citations de l'ange de Jesus dans le monde

Line Beaunol

Les citations de l'ange de Jesus dans le monde

LES REPRESENTATIONS DE MES EXPERIENCES SPIRITUELLES

Éditions Croix du Salut

Imprint
Any brand names and product names mentioned in this book are subject to trademark, brand or patent protection and are trademarks or registered trademarks of their respective holders. The use of brand names, product names, common names, trade names, product descriptions etc. even without a particular marking in this work is in no way to be construed to mean that such names may be regarded as unrestricted in respect of trademark and brand protection legislation and could thus be used by anyone.

Cover image: www.ingimage.com

Publisher:
Éditions Croix du Salut
is a trademark of
Dodo Books Indian Ocean Ltd. and OmniScriptum S.R.L publishing group

120 High Road, East Finchley, London, N2 9ED, United Kingdom
Str. Armeneasca 28/1, office 1, Chisinau MD-2012, Republic of Moldova, Europe
Printed at: see last page
ISBN: 978-620-6-16788-4

MES STATUTS SONT LES REPRESENTATIONS DE MES EXPERIENCES SPIRITUELLES. LES RECITS QUE JE RELATE SONT REELS. LES LIEUX D'INSPIRATIONS EXISTENT VRAIMENT. ILS SONT ECRITS SOUS LA FORME DE CONTES POUR NE POINT VOUS EFFRAYER. JE VOUS DEMANDE DE FAIRE AGIR LES ACTEURS DES RECITS DANS VOS TETES, PARCE QU'ILS SONT PRESENTS AVEC VOUS DANS LE LIVRE. J'AI BEAUCOUP PLEURER EN PENSANT A EUX. MON ECRITURE NE SUIT PAS LA LOGIQUE DES HUMAINS, LE PLUS IMPORTANT EST QUE VOUS COMPRENEZ LES MESSAGES.

Partie de très haut pour atterrir dans le Monde des humains ;

Un Monde sans doute connu d'elle bien avant qu'elle ne revienne ?

Un Monde qui est paradoxalement si proche de celui-ci.

Lointain ? Présent ? Dans le Maintenant dont tout est inscrit dans le Grand

Livre de l'Univers ainsi que dans celui de la Progression des âmes réincarnées. Elle est l'élue de Jésus

Incarnée dans ce Monde pour réaliser des Missions Spirituelles au nom de Jésus dans le corps Charnel d'une Femme terrestre, l'ange en elle est la fille du roi Salomon.

Ainsi formée de cellules de diverses Vies et de nombreux gènes de ses pères Généalogique

Qui s'avèreront incompréhensibles pour les Terriens de l'An 2000 et de diverses professions qui pensent qu'elle est une Illuminée ou ce serait une invention de sa part, une Situation insupportable pour elle. De ces jugements des souvenirs se forgent s'installent pour subitement se transformer en Mission apostolique consacrée à Dieu et à Jésus.

Aurait-elle oublié les raisons de son retour dans ce Monde ici-bas ? Non pas que cela viendrait d'elle, mais étrangement à cause des êtres qui l'entourent. Elle comprend alors qu'elle ne les connait pas et que ce sont des petits détails supplémentaires, comme avoir le 3ème Œil ouvert sur l'Invisible, qu'elle parle Dieu, à Jésus et aux esprits qui feront d'elle une étrangère sur la Terre, une Mutante si on veut ! Ainsi une nouvelle vie s'ouvrira à elle dans laquelle, elle sera humiliée et ignorée. Par certains et incomprise, elle vivra comme invisible aux yeux de l'humain mais les anges du Seigneur lui disent de ne pas s'en faire, car Dieu et ses anges la connaissent. Son nom est connu du Monde obscur et des Ténèbres sans, qu'elle le sache.

Pourquoi suis-je descendue sous le ciel de ce Monde se demande-t-elle à elle–même en visant le Ciel de Dieu ? Retenue par un corps charnel qui refuse de se soumettre aux désirs insensés de ce Monde pathétique qui croit être «juste». Elle lutte contre lui, elle lutte dans son sommeil dès sa naissance. D'où vient-t-elle au juste ? D'Asie ? Des yeux bridés, une chevelure noire et raide, elle fut rejetée par son géniteur au Berceau, car elle ne ressemble à aucun membre de la Famille de sa mère ni de son géniteur qui l'a fait souffrir enfant ; Un humain qu'elle n'a jamais aimé comme elle le devrait. Pourquoi avait-il eu tant de cruautés envers elle ? Tout était difficile pour elle.

Un ange lui demande d'arrêter de se plaindre parce que Jésus a souffert plus qu'elle… heu …Oui ! Mais ! « Pas de Mais… » : Dit l'ange de Dieu.

Elle change d'apparence physique à ses 16 ans et ne ressent que des sentiments contraires qui, en réalité sont les meilleurs amis des humains devenus maintenant, les persécuteurs Insoupçonnés du Monde inversé dans lequel les aveugles se déplacent sans Cane et sans canidé en laisse, que Pourtant elle devra combattre avec la puissance divine et dextérité pour sa Survie. Les années passent vite disent les humains, c'est vrai ?! Tandis que pour elle, elles traînent en longueur à cause de la Souffrance. Des années de vies et de ressentis inconnus comme la Peur, les Angoisses, les Pleurs, l'épuisement etc. Et autres tristes choses qui la caractérisent. Elle lutte dans ces années sans lumière qui de surcroît, ont la capacité de la faire voyager dans le Passé pour qu'elle se forge de nouveaux souvenirs et se remémorer les anciens si cela est possible. Mais elle a peur de disparaître avant cela, car chaque jour elle surmonte une nouvelle épreuve. Elle pleure. Ainsi la Nuit se mélange au Jour et le Jour réalise le Dessein de la Nuit. Une représentation de l'Horreur de la Vie ici–bas au pluriel… Oui, c'est cela !

Mais elle sait seulement que les simples humains sont aussi des Tueurs d'âmes, des ennemis desquels elle devra se méfier pour Vivre dans le Ciel de Dieu avec Jésus et les anges, ainsi que pour ses sœurs et ses frères d'Esprit dont les Vies seraient persécutées par des entités étranges descendues des Ténèbres ? Les années ont la capacité de la faire voyager dans les époques du Passé lointain pour faire le plein de Souvenirs, une raison qu'elle comprit. Ainsi la Nuit se mélange au Jour et le Jour en Nuit. Le Temps est plutôt au paroxysme de ces changements pour elle, alors n'attendez pas plus de lui dans les décennies à venir. Les années passent vite, non ! Tandis qu'elle voit que le Jour réalise le Dessein de la Nuit !!! Une représentation morbide de la Vie sur Terre pour que la Lumière ne soit plus au cœur de L'Humanité comme le Seigneur l'a voulu : C'est un Scandale pour la Création de Dieu du début de la Genèse ? (La BIBLE)

Comment vivre sous le poids des époques du Passé dont la nôtre ? Comment gérer et comprendre l'Histoire sur l'évolution de l'humain si on ne sait pas vraiment qui on est. Comment vivre sans le Souvenir des siens sans doute perdus dans les frasques de l'humanité première. Les humains ne s'accordent pas pour l'aider à se retrouver dans une des Humanités d'une époque passée puisque tous la reflètent différente, hors du commun. Jamais le même visage aucun flash ne fige son vrai visage, sa vraie nature et sa Mission dans le Monde, personne ne l'identifie telle qu'elle est en réalité, pourtant elle est la Douceur féminine même.

La Sensibilité dans la Force et dans la Robustesse du Mâle.

N° IV

AINSI :

Á toutes les questions posées et les réponses données, des directives s'annoncent dans le Temps qui lui est alloué pour qu'elle s'établisse, car le Temps est à son ultime Consécration spirituelle…

Frappée à Mort plus d'une fois par les Puissances Cosmiques sous les ordres du Prince du premier ciel,

Elle est régulièrement visitée par les suppôts de celui-ci, ses démons et des sorciers.

Mais elle fut aidée par les anges de Dieu et les êtres de Lumière pour Comparaitre en jugement devant le grand Tribunal de Jésus avec les Juges des âmes rebelles sur la Terre et les Saints des églises sur terre. Elle comprit ainsi l'importance de sa Mission après avoir visionné le Film du déroulement de ses comportements, de ses actions et de ses réactions face aux agissements cruels du Monde envers les humains et de la CREATION de Dieu.

LE JOUR SON JUGEMENT

Debout dans le Noir avec des êtres qu'elle ne voit pas, guidée par sa Foi elle pleure, car elle ne peut pas parler pour justifier ses erreurs commises puisque ses lèvres sont collées, mais elle voit le film de sa vie de sa naissance jusqu'au jour de ma comparution. Elle regarde de…

Là-haut et elle voit que son corps charnel est allongé inerte dans un Cercueil posé en travers du lit dans sa chambre. Elle a peur de …

Ce qu'elle voit et fait des promesses sincères au Seigneur ainsi qu'à l'assemblée des Saints de sortir sous l'emprise du Monde afin de mener à bien ce pourquoi elle est descendue. Après son Jugement elle redescend tremblante sur la Terre, perturbée toujours à se demander ce qui lui arrivera avec les humains lors de ses Missions dans le Monde des Ténèbres et de l'Obscur. Elle a peur. Elle repartira peu de Temps après l'Annonce des Révélations d'où elle est descendue. Elle comprit l'Importance de ses actions contre l'Obscur, ainsi que le sens profond de sa Mission auprès des humains et des esprits dans ce Monde et d'ailleurs. Le Temps initiatique est arrivé et sera suivi de celui de l'Accomplissement des premiers signes de la Prophétie…

Á L'orée de l'An 2013, elle reçoit l'autorisation du Père pour qu'elle révèle sa présence aux Peuples de la Terre, dans le Manuscrit du même nom, pour que les humains de la Terre connaissent la Vérité sur ce qu'elle apporte pour revenir vers Dieu le Père et sauver des âmes égarées par le malin afin que ses Missions soient accomplies dans le Temps prévu par Dieu ; car toutes les âmes sont à lui. Elle signera de même la Fin de ses souffrances dans ce Monde illusoire parce que LE CACHE SERA VU. Mais les humains l'écouteront-t-elle ? Comme cela fut pour mon Seigneur et mon Sauveur Jésus qui dit pour encourager les apôtres et les croyants: « Il suffit qu'une âme soit sauvée pour que votre Mission spirituelle soit accomplie ! »

DIEU ET LES SOLDATS DE LA FOI 1993

Les menaces qu'elle encourt sur l'ile aux belles eaux qu'est la Guadeloupe se concrétisent dès son arrivée en 1993. Toutefois avant que les menaces commencent, elle devra lutter pour connaître leurs Sources afin de mener le vrai Combat pour vaincre les Ténèbres avec Dieu et les anges. Le Manuscrit relate le récit de sa vie avec ses trois Corps. Elle révélera les choses jamais dites ni jamais entendues à ce jour sur le Pouvoir de l'Esprit sur l'homme de Dieu et autour du simple humain qui a dans la tête les pensées des esprits du Mal. Ce n'est que le début pour elle

N°II

Ainsi, en se rendant sur une île inconnue d'elle, pourtant proche de la Martinique afin d'acquérir d'autres expériences professionnelles avec ses compatriotes, sous le Soleil en sa qualité d'Infirmière libérale, Il est vrai qu'elle espérait rencontrer la Lumière, la Joie et l'Aventure ; Sans penser spécialement à la grande Spiritualité mais ce sont les esprits des Ténèbres et des entités mauvaises qui, non seulement n'ont pas frappé à sa porte, mais sont entrées avec force dans sa vie et dans son logis. Ainsi les forces occultes se déchaineront sur elle. Aucun homme sur la Terre ne possède le Pouvoir de les arrêter. Dieu et les anges de Jésus et lui-même venaient à son aide mais seulement si sa vie était en danger, car c'est à elle et pas à son ange de faire ses preuves étant un Soldat de la Foi de Jésus formé par l'Archange Michel pour lutter spirituellement dans les autres Dimensions. Combien de Temps cela durera ? Son corps sera violenté et sa vie sera violée par des démons de bas niveaux d'actions. Elle ne vit plus pour elle-même mais pour ses frères d'Esprit. Elle arrêta de s'alimenter et de s'Hydrater un Temps. Amaigrie, seuls ses os restent les témoins de sa présence dans ce monde. Elle ne souffre pas physiquement mais psychologiquement parce qu'elle est liée à d'autres Dimensions. Un moyen à vous rendre folle. Son âme trouvera du repos dans le Tombeau Sacrificiel avec peu de souvenirs dans la Tête, à chaque fois qu'un ange de Jésus sur ses ailes blanches emporte son esprit auprès de Dieu et de Jésus, laissant pour un Temps son âme sœur dans ce Monde sans pitié qui ne veut pas d'elle chez lui parce qu'elles sont connectées, unies à jamais dans l'Amour universel, même si elle ne s'en souvient pas... Ou du moins pas encore ?

PARTIE ! Elle rapportera au PERE ceci : « QUE L'AMOUR EST GARDĖ DANS LE COEUR DE PEU D'HOMMES DEVENUS SES SERVITEURS. CES HOMMES SONT PARVENUS Á LIBÉRER L'AMOUR COMME IL LEUR ORDONNA DE LE FAIRE. ELLE A EN SON ÂME ET CONSCIENCE, SURTOUT EN MÉMOIRE DE SON VÉCU SUR LA TERRE SEME LES SENTIMENTS DE L'AMOUR DU TEMPS, DE SA PRÉSENCE PARMI EUX MALGRE LE POIDS PUISSANT DES ÉPREUVES DE LA FOI ». ELLE DIRA AUSSI CECI : « QU'AVANT DE PARTIR, ELLE L'A RECONNU L'AMOUR SINCERE QU'ELLE S'EN EST IMPREGNEE DE SON ESSENCE GARDEE DANS LE CALICE DE LA SUPREMACIE PATIONNELLE DE SON ETERNEL BONHEUR DIVIN DANS UN NOUVEAU RECEPTACLE HUMAIN REMPLIT D'ELLE-MÊME QUE LE CREATEUR UTILISE AU MASCULIN EN DISANT : « MES FILS ».

Elle a reconnu l'AMOUR SINCERE DANS le Lieu où les Pensées sont Créatrices et que les Grands Rêves se réalisent sous forme de Miracles. Tout le processus du passage de la Mort à la Vie s'active après avoir reçu le baptême de l'Esprit et après avoir bu à même la Coupe du GRAAL l'eau de la Source Originelle, mêlée aux Pouvoirs de tous les êtres Visibles et Invisibles d'avant la Genèse. La Dimension intemporelle en elle, elle devra lutter dans le Temps présent pour que la Lumière du Père soit toujours devant elle, pour éclairer ses voies et valider ses actions.

N° III

« LUI POUR ELLE, ELLE POUR LUI… Et que le Maître des Destins en le choisissant, lui apprit comment déverser en exclusivité à sa Protégée son éternel Bonheur divin et comment prendre soin d'elle à distance. Oui ! En Exclusivité sans jamais la voir pour que la Magie de l'Amour arrive au paroxysme du non-retour. Tel qu'il l'ordonna aux Hommes sur la Terre de l'aimer en Esprit et en Vérité. Un Doux Elixir de Courage, de Force et de Patience, reversé dans le cœur de la Femme élue du 20 ème Siècle, afin qu'elle puisse agir dans le Plan visible et invisible de l'Univers pour ainsi intégrer sans retour sa place dans le Nirvana. La Dimension de la FIN n'a pas d'existence physique en soi, mais de la Renaissance au Plan de la Perfection, commence le Cycle du retour à l'Eau après le passage dans celle de la Mère, une étape capitale qu'il faut savoir déjà maîtriser avant la fin de l'exercice du corps charnel, car il représente le Niveau Idéal Spirituel à atteindre par des hommes. Certains y sont parvenus grâce à la Foi et à l'Amour du Père, tels Jésus, Bouddha, des Prophètes élus et d'autres réussiront à se fondre dans la réalité du Dieu unique éternel et de Jésus-Christ notre Seigneur pour agir comme eux :

« MON PÈRE ET MOI SOMMES UN ».

Dieu se révèle à l'homme dès la soumission de la chair à l'Esprit pour être prêt à changer de Forme, à éclore au contact de sa Lumière. C'est la Dimension de la Vie elle-même.

Les humains ne l'identifient pas comme étant une des leurs, mais les esprits des Ténèbres connaissent son histoire, et de sa Mission dans ce Monde auprès des hommes, bien avant qu'elle ne le sache elle-même. Elle est la Douceur Féminine, la Force et la Robustesse de l'Homme.

Frappée à mort par les Puissances ennemies sous les ordres du Prince du premier ciel, elle comparue aussi pour cela au grand Tribunal de Jésus pour ne point abandonner ou mourir avant la Fin de ses Missions. Elle pleurait en regardant le Film de sa vie sur la Terre et des composants à venir dans ses Missions dans ce Monde. Un contact nouveau qu'elle n'oubliera jamais, car le domaine de la Spiritualité ne se comprend pas en un jour mais dans des millénaires.

Elle ne comprend pas.

Comment faire pour comprendre les histoires des humains sans connaître le TOP départ du temps qui lui est alloué pour s'établir à son ultime Consécration ni quand le chiffre 7 apparaitra pour arrêter le Temps ? Elle comprendra plus tard l'importance du rôle de ce retour et le sens profond de la mission difficile auprès des hommes, car tout est une question de Rédemption, de Salut, de Mort des esprits, des Entités et des hommes rejetés. Mais elle ne sera pas seule à lutter parce qu'elle sera accompagnée des anges du Seigneur. Le Temps initiatique s'achève et arrive celui de l'Accomplissement des premiers Signes de la Prophétie.

Une dure et belle expérience inconnue ? Avec Dieu, Jésus, les anges de Lumière et des entités jamais vécues, par une Elue avec l'aide du Ciel sans l'action de l'Homme ?

****

Mes Révélations dans : « Mon retour dans le Monde des humains » m'a fait perdre pied psychologiquement à cause de tout ce que mon cerveau a dû assimiler pour assurer des missions nouvelles hors de mon corps j'ai perdu mon ancienne mémoire que j'ai récupéré au début de l'année 2024. Accompagnée de l'Archange Michel le chef de la milice Céleste et de bien autres anges que j'ai vu, qui me parlent et m'accompagnent, mais il est le seul que j'ai eu l'honneur de voir et de combattre avec moi lors de mes missions jumelées compliquées avec lui et d'entendre sa voix quand je ne pouvais pas le voir. Sainte Thérèse de Lisieux et Jésus m'ont aidé à régulariser un gros problème administratif scellé à cause de la disparition des documents à cause d'un Maléfice. Quand j'étais sur le point de sombrer dans l'Enfer des persécutés, ils sont venus tous les deux à mon secours. Merci au Ciel.

Ainsi je signerai de même la Fin de mes souffrances invisibles des humains dans ce

Monde illusoire parce que « LE CACHE SERA VU » et que je ne serai plus sur cette Terre quand les

Humains reconnaitront la dite Vérité, car de nombreux Serviteurs du Seigneur l'ont dit aux hommes, mais ils n'ont pas été écoutés. Ce n'est pas facile de vivre dans ce Monde quand on est enfant de Dieu ?

LES HESITATIONS

Jésus accorde le Salut à celui qui le mérite. Luttez, combattez les forces vous arriverez que si les Pouvoirs de Dieu sont en vous.

Ce fut mon idéal, mon rêve durant des années de vies. Au fil du Temps ma sagesse a grandi, j'ai ainsi compris qu'elle n'était point ici-bas, et que « forcer la Nature à suivre les caprices des hommes est une poursuite du Vent » comme le dit le roi Salomon mon père. On ne peut ni aider ni sauver tous les hommes sur la Terre, même ceux que l'on choisit de sauver s'ils ne le souhaitent pas et encore moins vouloir changer le Monde soi-même. Dieu le Père donna à Jésus son fils le Pouvoir de juger les hommes et de leur accorder le Salut pour la vie éternelle aux méritants, car l'homme qui ose le faire même si il pense que les pouvoirs du SAINT-ESPRIT (de Dieu soient en lui) se détruira lui-même. Il se consumera et mourra définitivement sans la Couronne de la Vie éternelle de Jésus, parce qu'il a outrepassé son rôle.

« Vanité des Vanités, tout est Vanité… Quel avantage revient-il à l'homme de toute la peine qu'il se donne sous le Soleil ? Une génération s'en va, une autre vient et la Terre subsiste toujours ? Tout ce que mes yeux avaient désiré, je ne les ai point privés. Je n'ai refusé à mon cœur aucune joie ; car mon cœur prenait plaisir à tout mon travail et que c'est ma part qui m'en est revenue, puis j'ai considéré tous les ouvrages que mes mains avaient faits et la peine que j'avais prise pour les exécuter, et voici tout est Vanité et poursuite du Vent. Il n'y a aucun avantage à tirer de ce qu'on a fait sous le Soleil, puisque tout est englouti par la Mort. » C'est ce que m'a dit le roi Salomon mon ancêtre (fils du roi David le roi d'Israël). La Sagesse divine est issue du Monde d'en haut. Elle ouvre les portes à la compréhension Spirituelle des Paraboles sur les choses du Ciel aux élus et les choses à connaître à certains hommes sur la Terre, selon leurs Desseins, parce qu'il y a une diversité de Dons que Dieu accorde à l'Homme qui le mène à la Vie Eternelle car l'homme doit être capable d'utiliser sans risque « Le Pouvoir du Saint-Esprit » parce que le Pouvoir de Dieu est lourd à porter et dangereux pour celui qui l'utilise à des fins personnelles. Mais, il est certain que l'Homme ne connait qu'en partie les choses qui ne font pas partie de sa Mission, et cela lui posera des problèmes parce qu'il ne pourra pas stabiliser les choses importantes dans sa vie pour faire évoluer son Intelligence Spirituelle, parce qu'il se mêlera de tout et de n'importe quoi et il se perdra. « ECCLESIASTE »

J'ai lu la Complainte de mon père les larmes aux yeux et le cœur lourd jusqu'à la fin de son discours : « Crains Dieu et observe ses Commandements, c'est ce que droit faire tout homme pour son Dieu. »

J'ai compris et vous ?

7 Mai 2013 :

« Ce n'est pas parce que vous ne croyez pas à certaines choses qu'elles n'existent pas, car chacun a un rôle à tenir, un savoir à partager, un message pour le Peuple ou pour soi-même à recevoir dans ce Monde avant de le quitter, car celui qui ne sait pas ce que vous n'est pas un idiot pour autant. La Connaissance est à partager, ce que l'un sait l'autre ne le sait pas forcément. Ecoutez-vous les uns et les autres pour vous enrichir spirituellement. Faites des recherches de votre côté avant de dire qu'une chose existe ou n'existe pas, et ne jugez pas celui qui ne sait pas ce que vous savez, car la vérité se partage, parce qu'on ne peut pas tout connaître, peut-être un jour, mais pas maintenant.

Il existe de même des hommes qui évoluent dans la matière, ceux qui en sortent. Les bons et les méchants seront Jugés à la fin des Temps par Jésus mais ils n'iront pas tous en Enfer, car n'oubliez pas que Jésus est la Vie et qu'il pardonne nos péchés, mais cette rémission se fait avant la mort charnelle, car Dieu ne veut pas la mort du méchant mais qu'il change de conduite et qu'il revienne à lui.

Mon but n'est pas de chercher à convaincre ceux qui lisent ou pas mes écrits, mais de vous faire comprendre que Tout est possible dans la diversité existante, tant que vous êtes en vie rien n'est définitivement fini. Il est une chose à retenir que tout ce que j'écris est pour Vous les hommes. Le Salut de Jésus est une Bénédiction pour Tous croyants, parce que Dieu ne souhaite pas que le méchant meurt, comme je vous l'ai déjà écrit, le pourquoi aussi, car ce n'est pas une question de race, de couleur, de sexe ni de religion, mais il est question de l'esprit qui vous anime.

Vivre a une raison que certains ne découvrent pas durant leur vie sur Terre : Un sens matériel pour le corps et un sens Spirituel pour l'Esprit de Dieu en soi et l'Âme. Changez votre Vision du Monde pour mieux comprendre celle de la Véritable Spiritualité, je vous avoue que c'est difficile, seul le Père vous ouvre cette Porte. Voyez-vous, Vivre avec les Démons et travailler avec eux et pour eux n'est pas la Spiritualité mais de la Démonologie. Le Corps, l'âme et l'Esprit doivent travailler en accord pour que l'homme soit abouti, c'est à dire entier parce qu'un homme uni avec ses trois corps est un homme fait pour son Dieu, c'est cela que Dieu attend de l'homme Spirituel. Car l'Esprit renforce le corps charnel, ses lois et sa Sagesse nourrissent l'âme. Jésus accorde le Pardon des Péchés à l'âme méritante ainsi que la vie éternelle. Les ennemis de la Vérité sont dans le Monde, dans votre tête et dans vos Logis, car c'est à vous de les reconnaitre pour les chasser en vous et auprès de vous. Dieu aide celui qui l'appelle mais n'agit pas sans lui.

*

LE 31/O5/ 2013

Pour lutter et vaincre

1) Il faut connaitre son ennemi.
2) Savoir que seront les armes à utiliser contre lui

Il faut aussi savoir ceci :

« Que les plus grands ennemis de l'homme ne sont pas ceux qu'il voit, loin de là ! Mais ceux qu'il ne voit pas avec les yeux naturels, mais avec ses yeux spirituels, le 3ème œil ». Souvent ce que vous voyez n'est le vrai visage de ceux-ci. Mais il vous la dira ou Dieu vous le dira.

LA PENSEE DU JOUR DU 16 /02/2014

Le S0LEIL ce matin domine sur ce mois d''Hiver

Soleil ! Soleil !

Je suis le Soleil de ce Dimanche qui réveille les amours paresseux,

Afin de partager la Douceur de vivre dans l'attente des jours heureux

Dans l'espoir que nos Promesses nocturnes ne se consument point à la lumière

De l'Aube !

Le 03/ 12/2013

« Se créer une vie autre que celle que l'on a, est un bel exutoire Idéalisé qui permet de ne pas sombrer dans le rituel imposé par la routine de surface, et de l'impensable maladif de la Paresse qui bloque le changement, à condition que les images qui prennent formes dans les têtes, représentent un Bonheur simple souhaité, car à force de les redessiner, à force de les corriger pour les perfectionner voire les aménager afin qu'elles soient conformes à vos pensées en y mettant la Passion le moteur de toutes créations, une affection qui unit les êtres à la Lumière, au bien-être corporel, à la beauté des choses qui les rendront heureux à condition de savoir les maîtriser ».

Le 14/O2/13

LETTRE A VALENTIN

(Ce texte a ému l'équipe de MON BESTSELLER.COM)

1°) Mon amour en ce jour de la St Valentin. Les amoureux du Monde sont en liesse, alors les mots que je te dirai à nouveau sont les mêmes de tous les jours. Mais aujourd'hui sache que le Feu de la Passion qui brûle sans Fumée en moi te réchauffera de ses Braises incandescentes l'âme dans nos moments de Silences, afin d'ôter les craintes en toi.

Vois-tu ! A chaque fois que tu me dis des mots doux ; à chaque fois que tu me dis « je t'aime » savais-tu que je les gardais dans lieu secret de mon cœur ! Non pas pour moi puisque je les ai entendus et savourés mais afin de te les rendre dans nos moments difficiles. Mais aujourd'hui sache que le Feu de la Passion qui brûle sans fumée en moi est le garant de notre amour, alors je te dirai à nouveau les mêmes mots ; les mêmes mots que je te dirai jusqu'à la fin de ma vie. Mais pour ne point te sentir lésé, assieds-toi et regarde-moi, donne-moi tes mains et écoute-moi.

Ainsi ! Mon contrat avec toi est « Toujours » et les mots d'ordre sont « Sincérité et Fidélité » sans double face... Tiendras-tu encore tes Promesses durant notre vieillesse ? Oui ! Celle de toujours m'aimer ; celle de toujours m'aider à combattre les vicissitudes de la vie et que… Et que, jamais au grand jamais, je ne verserai de larmes amères. Tout cela pour te murmurer amoureusement à l'oreille « Je t'aime ». Il se fait tard le ciel s'assombrit et la neige nous couvre les Sabots.

Viens ! Mettons nos manteaux, car dehors le Temps est froid. Sortons pour sourire à nous deux…

02 °) Mon Amour ! Une main glissée dans la tienne ; un échange de regard ; des éclats de rires partagés ; des disputes oubliées ; des jalousies pardonnées ; ce besoin de toi jamais assouvi ; ce besoin de te voir et de te revoir ; afin de me blottir contre toi pour entendre les bruits de ton cœur qui transcenderont mon âme. Ces moments privilégiés n'appartiennent qu'à nous, à tous les instants de nos vies, c'est comme ancrés en nous tel un Navire amarré à son Port d'attache. Une certitude existentielle que j'ai fait le bon choix avec toi, tu me manques ! Reviens.

Le 07/04/2013

ÊTRE SUR LE CHEMIN DE LA PAIX ET DE LA SAINTETE

« NON, la Main de l'Eternel n'est pas trop courte pour sauver l'innocent ni son oreille trop dure pour entendre les cris de ses enfants en souffrance, mais ce sont les crimes de sang qui mettent une séparation entre vous et lui qui L'empêchent de vous entendre pour intervenir.

Dans vos moments difficiles priez votre Dieu éternel pour qu'il vous aider. Demandez-lui de vous envoyer un homme de Foi pour vous soutenir dans vos prières. Il faut savoir qui si vous demandez à Dieu son aide pour votre spiritualité ou pour quelque chose d'utile, pour le bien-être du corps au nom de Jésus, il vous répondra toujours. Tout s'arrangera par la demande, soyez patient. Ayez Foi en Dieu et confiance surtout en vous, avant de vous adresser à un homme qui ne voit pas plus loin que le bout de son nez, et qui ne soit pas avec lui, car il vous Trompera toujours, c'est sûr ! Réfléchissez et posez-vous des questions logiques. Dieu n'oublie jamais les besoins de l'Humanité. Quand vous avez un besoin urgent ou grave pour votre vie, il vous enverra toujours un messager (un voyant, un écrivain, un homme sage, un clairvoyant, un scientifique, etc. Dieu Vous met aussi en présence de L'ESPRIT DE VERITE QUI VOUS GUIDERA A FAIRE LE BON CHOIX ».

Le 04/04/ 2016

SOS

« Bonjour mes amis… je suis en danger dans ce monde où que j'aille, mes frères ont connu la Persécution et je n'en déroge pas. Ainsi sept mois après un attentat mystique dans ma ville résultat : Deux voitures réformées. Le même scénario se répète, l'attaque de l'esprit de feu et l'esprit de la Mort sont tenaces. Bloquée à l'arrière de la voiture une fumée noire, sortie du moteur cherche à envahir l'habitacle. Je perds connaissance après avoir entendu crier ma fille, sortie de la voiture, et qui est sur le trottoir d'en face m'appeler. Deux personnes appuient sur Le déclic tant bien que mal de la ceinture, afin de me sortir du siège et m'allongent sur le trottoir côté voiture (selon ce que m'a rapporté ma fille). A mon réveil sur le trottoir je vois… Une petite fille de 4-5 ANS au visage fermé que je ne connais pas se frayer un passage parmi les badauds qui me dit « Tout ira bien ». J'ai été prise en charge par les Pompiers et l'urgentiste de l'Hôpital.

Mais personne n'a vu la petite fille. » ?

Le 22/0313

Aujourd'hui, le Soleil salut frileusement dame Nature pour les jolis bourgeons qui annoncent l'arrivée du Printemps. Bientôt, les bourgeons colorés apparaitront pour s'éclater au Vent et s'offrir en cadeau au Soleil tandis, que d'autres écloront de ses nouvelles branches…Et, pour un peu de Temps encore, de jolies fleurs et de bons fruits de la saison seront dégustés et savourés par l'homme. Ils réveilleront le désir de l'amour en lui quand il sera satisfait et repu grâce à la magie du Soleil. Tandis que les fleurs naissantes s'ouvriront pour qu'en leur sein coule le doux et lumineux Nectar en prélude de l'arrivée du Printemps, dans le cœur de l'homme généreux et reconnaissant.

LE/03/12/13

L'Amour est le moteur de toutes les Vies ; Une Energie vive qui rapproche les amoureux discrets et sincères. Un Sentiment divin qui unit les êtres vivants à la Lumière suprême qui est le Dieu universel.

Mais !

Aujourd'hui le verbe aimer ne bonifie pas les Sentiments de l'Amour du Divin mais de celui de l'homme. Il est devenu un outil de Tromperie et de Dérives en tous genres. De nos jours, l'humain est au stade à aimer tout et à adorer n'importe quoi sans connaître leurs actions. Car l'emprise, la Possession de l'autre, l'esclavage… n'est pas de l'AMOUR divin. Je ne cherche pas à défendre Dieu ni Jésus puisqu'ils n'ont pas besoin de cela. Je tiens seulement à vous prévenir des risques que vous prenez pour votre vie future et celles des vôtres »

Le 16/02/14

« Soleil ! Soleil ! Le soleil qui réveille les sentiments du cœur des amours paresseux afin de partager la douceur de vivre dans l'attente de jours heureux dans l'espoir que nos promesses nocturnes ne se consument point à la lumière du jour, trahies par le Mensonge ou l'Oubli… ».

Le 19/01/2014

En ce Dimanche du 19/01/2014, le ciel de la Terre est dégagé.

Le temps n'est pas de saison et l'Horizon

Devient mon unique univers, car

D'où je suis je ne vois pas que le Soleil se cache dans l'ombre des palmes, des cocotiers jaunes.

Ses rais étincelants projettent des éclats dorés dans mes yeux éblouis

Afin que les images et les choses que je vois m'émerveillent, dès que mon regard se pose

Sur elles ».

LA TERRE

« La Terre est le Champ de toutes les batailles. Elle est le lieu où l'Immonde se couvre de Sainteté et que les Trahisons paraissent sincères, pour qu'en plein cœur la flèche de la Sainteté n'atteigne pas son but. Un lieu, où les tourments paraissent normaux pour que les amoureux touchés par la fausse Flèche de Cupidon sous les effets hypnotiques de l'élixir de l'amour humain, jurent Fidélité et font des promesses mensongères, oui ! Des promesses qui ne seront jamais Tenues… ».

Le 26 / 12 / 2022

Je suis au paroxysme de ma mauvaise humeur ce matin, rien de grave en fait. Connaissant la raison sans détour avec vous, est liée à l'avant-veille et hier suite à ses promesses non-tenues de mon ami frère. Enfin bref ! Dehors, le Soleil semble avoir perdu ses repères, car sa présence dans le ciel est hors saison disent les voisins !

Ou serait-ce l'hiver qui a pris congé de sa saison. Le Sablier du Temps se vide sans attendre les secondes de la grande Horloge de la Ville. La Guerre atmosphérique a commencé et la Terre prise en otage, risque sa disparition.

Aucun flocon de Neige ne blanchit le Sol de la Terre. L'Hiver renonce à ses morsures en se liant à l'Automne qui tente à son tour d'imiter le printemps.

Que signifie ce changement ? L'Horloge des Continents aurait-elle perdu

Sa petite aiguille dans l'air du Temps à cause des humains, qui cherchent toujours à la retarder

Sur ses écrans et à toujours vouloir l'avancer selon les besoins des uns et des autres, pour aller

Plus vite que le Vent de l'Ere Nouvelle, l'ont cassée ?

L'Horloge n'est plus à l'heure du Temps d'Avant est-ce une impression ou une réalité?

VISION DU JOUR

Je vois apparaître une création des mains de l'homme et que, pour mieux la voir les nuages malgré eux lui procurent une Toile de fond. Il est issu de la Science de l'homme mais est l'ennemi de sa nature humaine : UN PALAN !?

C'EST LA FÊTE DU MUGUET : Le 01/O5/2013

Petite japonaise, Muguet international !!!

Joli Lys des vallées, tu réveilles des envies espérées des hommes. On dit de que le Bonheur vient de toi ?

Le possèdes-tu vraiment ?

Tes clochettes au doux parfum volatil des sols humides, est celui des Fées : Le parfum préféré

De la Fée Clochette me dit le Vent !

Tu symbolises le Printemps.

Tu es la Fleur des rencontres amoureuses ! J'aimerais tant que le Bonheur d'un jour frappe aux portes des hommes

Mais, je ne peux que le souhaiter, hélas !

Il fut un Temps où tu étais « la Star du Bal » qui porte ton nom : Oh ! Le bal du Muguet qui apprêtait les participants de blanc immaculé comme toi, les jeunes filles et les femmes travailleuses de l'époque portent des jupons brodés de dentelle avec…

Un brin de toi dans les cheveux ainsi qu'aux boutonnières des jeunes garçons et des hommes travailleurs, car ton brin odorant aux senteurs de toi parfume durablement la sueur qui tombe sur le Bitume

Des mouchoirs de l'Elégance appliquée. Ta Beauté parfaite supplante le charme de la jolie Eglantine !

Oh jolie Eglantine je ne t'ai point oubliée !

Muguet du Bonheur, tu es au sommet du Triangle Rouge de la Division d'une journée de repos gagnée dans la Lutte

Ainsi, désormais tu partages la Fête du 1er Mai : la Fête du jour non Travaillé

Hélas pas pour Tous !

Jour chômé, jour récupéré ou jour payé !

Que représentes-tu vraiment ?

Une date choisie en mémoire du Mouvement revendicatif du 1er Mai de Chicago 1886

Entre travailleurs et Syndicats pour la journée des 8heures.

Blancheur, Paix, Solidarité dans la Lutte avec de nombreux Souvenirs !

Que dire ? Sinon que de mémoire d'hommes, ils t'honorent en ce jour de fraîcheur Printanière

Pour que les rires et les Sourires joyeux de cette lutte illuminent les visages fatigués et unit les cœurs de Tendresse, d'Amitiés de l'Union de tous les travailleurs pour une même Lutte pour la Victoire !

Pour toi Joli brin de Mai !

BONNE FÊTE MAMAN : A toi Sidonie

D'où tu es, je sais que tu ressens l'énergie de ce jour

Parce qu'en moi le lien ne s'est jamais coupé

Souviens-toi, de FORT DE France

Souviens-toi de ce 24 AVRIL !

De L'année où tu es devenue mère pour la 4ème fois

Ce jour-là tu donnas naissance à un Bébé seule

Dans ta souffrance : Une fille ! T'annonce la Sage- femme

Tu la regardes avec les larmes de la crainte dans les yeux,

Elle est petite, jolie et unique, car elle ne ressemble à

Personne… Ce qui fait d'elle une étrangère… Une étrangère ?

Oui !

Elle a les yeux bridés et les cheveux raides de l'Asie ???

Pourquoi n'est-telle pas comme le reste de la famille, car elle vient sûrement de l'Asie ? Et dès lors elle fut rejetée au berceau par son père.

A ce moment- là maman ! Tu ignores que ce jour marquera d'un Sceau spirituel ma destinée

Faisant d'elle une protégée des anges, messagère, Soldat de la Foi de Jésus, elle s'attend à souffrir, elle aussi,

Tout comme toi !

Sortie de ton sein, tu t'étais éloignée de moi

Je suis une énigme pour toi ; car tu ne me comprenais pas non plus.

À mes yeux tu étais un livre ouvert et moi,

J'étais devenue la petite insolente !

Pourquoi selon toi ?

Parce que je voyais ce que tu ne pouvais voir

Je ressentais tes émotions bien avant qu'elles n'apparaissent sur ton visage ?

Tu m'as engendré mais j'étais déjà faite bien avant mon arrivée dans le livre d'histoire de l'Humanité.

Le savais-tu ? Est-ce le Secret que tu ne m'as jamais dévoilé ?

Ainsi à ton dernier cri… J'ai poussé mon premier cri comme pour saluer de mon arrivée le Monde

Ainsi tu es devenue ma maman et moi ta dernière fille.

Sois en paix et accorde-moi ton pardon maman. Sache que je t'ai toujours aimé maman sans te comprendre. Aujourd'hui après tant d'années d'incompréhensions je regrette. Je pleure sur mes erreurs avec toi… Que le Ciel me pardonne.

Donne-moi de tes nouvelles. Que deviens-tu depuis ma visite dans l'Au-delà ? Souviens-toi du jour où tu étais allongée dans ton lit en compagnie de l'oncle Paul et ma sœur Rose-Laine préparait le souper, dit-lui que je l'aime,

L'oncle Paul aussi ! Tu ne m'a pas appris à te dire « Je t'aime »

Continuez tous dans votre quête de la Lumière et vous ne connaitrez le Paradis, à bientôt !

LES LARMES QUE JE VERSE CE JOUR DE LA FÊTE DES MERES, TEMOIGNENT DE LA FIDELITE DE MON CŒUR D'AMOUR POUR TOI ET POUR LE CIEL!

MAMAN… MERCI !

PS : Il est écrit dans la Bible aux enfants de Dieu : « Tu Honoreras ton père et ta mère », ce jour est pour toi… Joli maman.

C'est ce que je fais puisqu'il est écrit sur le calendrier des hommes : BONNE FETE MAMAN.

*

LE 11/07/13

MON ÂME PLEURE.

Fatiguée d'écouter les voix manipulatrices,
Écœurée par l'odeur infecte du Mensonge
Le cœur palpitant, l'air du Temps qui stagne
Je me suis endormie sur une pesante réflexion
*
Le lendemain, quand j'ouvris la fenêtre au petit jour
Comme la veille, la Réflexion est partie laissant la ruine dans mon cœur, et
Ma confiance brisée!
L'oubli ne se construit pas encore.
Pas d'Excuse ni de Pardon des outils pour la Sérénité du Futur.
*
J'attends.
*
Ce jour est nouveau.
Le Soleil au dehors brille comme jamais,
Et dans sa détermination annonce
Une chaleur oppressante qui parasitera sûrement mes pensées nouvelles...
Comme si elle rendait captif le souffle d'air frais.
*
Lentement remuée, je reste pensive à regarder les toits des maisons
M'interrogeant sur ce qui s'y passe en dessous d'eux
Sur les sentiments qui naissent tandis que meurent incompris les pires
Trahisons, les Mensonges et les Manipulations assassines
Ennemis de l'Amour du divin, amis de la Rébellion.
*
Le Ciel pour juge, je ne suis coupable de rien.
Condamnée par le Diable pour l'Amour donné aux siens comme le demanda
Jésus d'aimer ses ennemis. Les pages du livre de ma Vie seront tournées ce matin
Et pour l'accomplissement de mon avenir hors du commun, j'écrirai une fin bien à moi, celle que je voudrais vraiment sans double face pour faire la révérence à ce Monde à mon départ.
C'est décidé!!!!

MORALITÉ

*

QUAND VOTRE ÂME EST BLESSÉE PAR LA TRAHISON, APPRENEZ A UTILISER LE POUVOIR DE L'AMOUR QUI VOUS ANIME POUR LA SOIGNER. SACHEZ QUE QUOI QUE L'ON FASSE DE BIEN OU DE MAL, CAR IL Y A UN RETOUR, ET QUE CELUI A CRAINDRE EST " LE CHOC EN RETOUR" DU MAL POUR LE COUPABLE DÉSIGNÉ PAR L'ASTRAL, UN RETOUR AUQUEL DIEU N'AURA RIEN A VOIR PUISQUE C'EST UNE LOI DE L'ASTRAL...

*

LE BANC DU PARC

L'homme du Banc n'est plus,

Pourtant son énergie n'est pas sortie du Banc

Que personne ne s'assoit!!!

Pour ne point l'effrayer il est trop tôt pour la dissiper ;

Car celui qui s'assoit ne sait pas que l'homme n'est plus de ce Monde.

Il ne sait pas encore que son existence s'est arrêtée sur ce Banc, Hier.

La journée d'Hier fut Le seul témoin de son départ attendu,

Le dernier témoin des jeux rigolos de son jeune fils avec son chiot.

L'esprit de la Maladie qui l'emporta erre dans le Parc

Il est à la recherche d'une nouvelle âme à saisir.

Aussitôt un esprit obscur aux ailes déployées s'approche de l'âme en pleurs de l'homme

Pour l'entraîner dans une direction que du vivant de l'homme

N'avait point voulu.

Je la vois reculer et courir du côté opposé de la Porte Spirituelle…

Je l'entends crier, alors que

De ma fenêtre entrouverte je crie à l'esprit sombre pressé de la saisir

Lui prend la main : « -Laissez son âme tranquille allez y rétro !

-laissez-la ? Je vous l'ordonne au nom de Jésus ? » A mes cris !

L'esprit obscur lui lâche la main et s'éloigne pas très loin d'elle, il veille.

Sans tarder l'âme rassurée de l'homme, entre dans le Cercle lumineux qui avance vers lui. Puis l'ange aux ailes

Blanches déployées lui tend la main, pour l'aider à traverser le Cercle de la Vie éternelle pour entrer dans le

Lieu Immaculé puis l'ange aux ailes blanches ami de l'esprit de cet homme disparaissent, tous deux dans la Lumière qui s'efface lentement pour disparaître dans le ciel de la Terre des hommes.

C'est fini !

Adieu Monsieur.

UNE COURTE NUIT

Un réveil inquiétant ; une solution s'impose dans l'instant, celle de traverser le toit du Monde

Pour une courte balade dans la douceur matinale d'une fin d'Automne ?

En Empruntant le mystérieux petit chemin qui longe les rails d'un côté, et de l'autre côté passe le petit chemin à la limite le grillage protecteur des Pavillons environnants, le long du chemin de terre vers ma destination.

Le Temps frais dénude peu à peu le feuillage des arbres des alentours

Les végétaux rampants, tels le Lierre qui se dessèche et les ronces qui tapissent le sol descendant du bord des rails vers le petit chemin. Ils sont tous prêts pour la grande traversée hivernale.

Dégagé, chemin faisant le petit chemin me parait moins risqué qu'en été, et

Mon esprit dès lors est inspiré spirituellement !

Je respire à plein poumons et dans ma tête, je me prépare à m'envoler …

Au-dessus des maisons de la Terre pour m'arrêter …

Dans la demeure de mon ami d'un autre Continent, dont le nom

Ne cesse de raisonner dans ma tête.

Qu'elle est cette soudaine énergie qui m'ensorcelle

Et qui hante mon esprit de lui ?

Serait-il en danger ou pense-t-il à moi en ce moment ?

Pourquoi résister à cette pensée puisque, je sais que

Le rêve de l'homme a toujours été de Voler comme un Oiseau !

Vous me direz que nous le faisons, oui ! Mais comment ?

La Technologie ? L'Avion ?

A vrai dire dans l'espace ?

C'est plus subtil que ça : L'esprit !

L'homme de tous les temps invente des moyens de s'élever au-dessus

De l'écorce Terrestre à croire qu'il est programmé par le Créateur

Pour ce mode ?

Mais Il ignore que son esprit le fait.

LA PETITE CHENILLE, LA DAME CHENILLE ET LE PAPILLON BLEU

Une petite Chenille traverse des champs et des champs… à la recherche d'un Trèfle

A quatre Feuilles,

Sur sa route elle croise un Papillon bleu

-- Bonjour Monsieur le Papillon bleu !

Savez-vous où pourrais-je trouver un Trèfle à

A quatre folioles pour retrouver ma chance perdue, Monsieur le Papillon bleu?

- Heu ! Oui bien sûr !

Lui répondit le Papillon qui réfléchit, c'est triste et peu commun… Je vous l'avoue !

Aussi je ne vous retiens pas mademoiselle Chenille ; Car le Temps presse pour vous je vois ?

En la déshabillant d'un regard interrogatif lui dit ? Voyez-vous la grosse Chenille sur le Mur là-bas

Habite dans le Coin de ces variétés–là, suivez mon doigt !

Non loin des herbes courtes en bordure de la Rivière qui coule, dans les bas-côtés des maisons

Pus bas !

Suivez-la, elle vous y mènera : lui dit Monsieur le Papillon bleu

La petite chenille se hâta de rattraper la grosse Chenille

N'osant pas l'interpeler par politesse ne la connaissant pas.

Essoufflée, haletante la voilà face à elle !

- Bonjour dame Chenille !!! Comment allez-vous ce matin ?

- Bien ! Répondit-elle !

Et vous ? Lui dit la dame Chenille respectueusement ?

La petite Chenille inquiète de n'avoir pas encore trouvé de Trèfle à quatre feuilles, laissa parler

Le Papillon bleu qui l'accompagna dit à dame Chenille : - Pouvez-vous s'il vous plait madame, nous conduire où trouver

Cette feuille, je vous prie !

-Je peux vous accompagner si vous le souhaiter, lui dit-t-il la petite Chenille ?

Dame Chenille demande à la petite chenille : Pourquoi faire ma petite ?

- Voyez-vous madame ? J'ai perdu ma Chance et pour y remédier à cette perte, il me faut trouver un Trèfle à quatre feuilles pour la retrouver ce sont des gens du village où je vis qui me l'ont dit ?

- Oui ! Bien-sûr, Mais il vous faut de la Chance pour le trouver ; le Trèfle encore ça va ! Mais pour les Quatre folioles il faut avoir de la Chance ? Lui dit–t-elle !

Contrariée, dépitée elle réplique :

Comment ça, lui dit-t-elle puisque je vous ai dit que je n'ai plus de Chance !

- Mais non voyons dit dame chenille : Ma petite, restée calme ; car vous portez en vous une bien plus Grande Chance!

Savez-vous que c'est une chance d'être en vie, une chance d'être libre, une chance de vous balader et de voir les facettes du Monde de jour comme de Nuit !

- Vous croyez ? Snif… snif… Elle sanglote

- Oui ! Parce que vous êtes une magnifique petite chenille au ventre bien dodu, rétorqua dame Chenille, mais elle n'a pas saisi le message que lui a passé la dame ?

Arrivés à bon port le Papillon dit à la petite chenille : - Tenez ! Nous y sommes, puis il s'envola laissant les Chenilles discuter entre elles de ce qui tracasse la petite chenille avec un au revoir amical, suivi… De bon courage à vous ma demoiselle !

Finalement dame Chenille dit à la jeune et jolie petite chenille : La Chance ! Jolie demoiselle va revenir bientôt à vous. Elle sourit à dame Chenille qui lui sourit aussi.

Arrivées au lieu-dit devant le Trèfle, heureuses toutes les deux d'avoir trouvé la plante presque cachée à la vue des humains qui prend appui sur une petite branche d'un arbre du Pré près des Sensitives qui

Ferment leurs petites feuilles à notre Passage pour se protéger de nous.

Sa Chance est revenue dès qu'elle trouva la feuille à quatre folioles !

La petite chenille émue, écouta attentivement dame Chemille lui donnant ses dernières recommandations dont ceci…

- Reposez-vous dans la feuille pliée en forme de Cornet mais… Surtout ! Surtout retournez-la avant d'y entrer elle se transformera en Berceau pour… Elle se tut… puis lui dit : Vous êtes très courageuse, le savez-vous ?

En Berceau ? Répondit la petite chenille

Vous verrez ? Sur ce…

Je vous souhaite une bonne nuit et prenez soins des cadeaux* de dame Nature !

- Merci dame Chenille pour votre aide ainsi que pour votre Amabilité et Bonne Nuit à vous aussi !

Le lendemain avant les premiers rayons du Soleil de l'Aube, sous la Bienveillance surveillance de la Pleine Lune, qui s'attarde dans le ciel pour veiller sur la petite chenille, lui souriant de là-haut ! Elle souffre du Ventre et met bas étonnée, fatiguée suite à sa mise-bas, qu'elle ignorait ? La petite chenille s'allonge près de ses petits s'endort heureuse pour ne plus se réveiller... Mais avant de s'endormir, elle remplit la feuille enroulée sur elle-même, collée par un mucus végétal de jolis Bébés chenilles qui grandiront sans elle : C'est la loi de la Nature. Sa Chance comme vous le constatez avec moi fut de donner la Vie et d'avoir vécu en habit de Bleu Océan et du Bleu du ciel...Triste fin pour elle qui ignorait qu'elle portait sa nouvelle génération en elle. En réalité elle n'avait jamais sa Chance. Bien à vous !

A

Méditer.

LE PETIT CHEMIN

Le petit chemin longe les rails du vieux chemin de fer.

Entre les rails et ses abords Pavillonnaires,

De jolis coquelicots de toutes les couleurs tanguent au gré du Vent joyeux !

A mi-chemin du petit chemin dans les herbes hautes

Quelque chose de sombre se manifeste à travers elles et dans les abords.

Curieuse, je m'attarde à découvrir ce qui se cache à ma vue, et ma surprise fut grande !

Oh ! Le bel hérisson avec ses mignons choupissons !

Enjouée ! Je continue ma balade en traversant un peu plus loin

La voie ferrée pour rejoindre le trottoir qu'entrave un arrêt de bus discret !

Derrière cet arrêt, au-delà des barbelés se trouve un terrain rempli de Plantes sauvages

Dont les racines s'entremêlent entre elles et aux Epineux.

Un énorme Cerisier sauvage des bois s'est étalé aisément à la limite extérieure derrière l'arrêt du Bus. Il est vrai qu'à chacun de mes passages dans le coin que…

Je m'attardais à contempler cette abondante verdure, et voilà qu'un peu plus tard

Dans la nuit, qu'une vision spirituelle…

M'apparait sur le fils de fer qui borde le trottoir côté rue, face à une Ecole Primaire. Je vois alors des Courges et

Des Potirons qui sont comme suspendus aux fils de fer de la Clôture prise pour Tuteur.

J'observe avec un désir brûlant de les décrocher mais pour cela je dois contourner la Clôture sur ma gauche, c'est alors que je vois une entrée que je qualifierai de PORTAIL Spirituel. Un peu plus bas, je vois un petit sentier bordé « de Fruits de la Passion » avec en suspension des bouquets de Fleurs d'Orchidées de diverses couleurs, qui s'épanouissent en retombant sur la Clôture ainsi que des Melons jaunes mûrs qui inondent l'allée de leur fragrance... A vrai dire, tout était riche en produits exotiques, tel un Jardin Thaïlandais ! Mais il est vrai que j'avais en tête de demander des boutures ou des Plants à l'habitant du lieu. En pénétrant le lieu, l'Inconnu me révèle un Village habité, pas très moderne à vrai dire ! Mais accueillant, dans une dimension placée au-dessus du chemin de fer. Prise de vertiges par tant de Beautés, j'accède sur le *Seuil d'*une maison Créole qui me semble bien tenue, avec sur la Véranda une longue table et un Banc en bois, d'avant mon époque de la longueur de la table. Je vois que la maison n'est pas bien éclairée par la lumière naturelle du jour d'un seul coup d'œil ! Apparemment le Séjour est bien meublé et que surtout l'air y est frais ! Les accès côté jardin de la maison sont fermés ? Soudain arrive une femme souriante d'âge mûr m'accueille et m'invite à entrer sur la Terrasse couverte pour mieux faire connaissance, me dit-t-elle ! Elle me propose alors à boire j'accepte volontiers par politesse bien évidement ! Puis elle s'éloigne de moi, laissant le verre à la main dans lequel j'ai juste goûté la boisson du bout de la langue légèrement alcoolisée, avec un bout de viande qui me semblait crue ? Cette vision me refroidit. Puis se dirige avec précipitation vers un Réchaud de charbon en ciment qui flambe ? Mais, en me retournant pour voir à quoi elle allait s'affairer, je profite pour déposer le verre et éponger le bout de ma langue et ce fut le choc ! Car cette femme a deux jambes gauches et une jambe droite avec lesquelles elle est très à l'aise ? Choquée... Je sors de ma Vision. (J'ai parlé de cette femme dans 2013.)

Cette Vision est toujours gravée à ce jour dans ma tête. J'ai pensé à un mort-vivant ? Je ne sais quoi, au fait ? Mais il est vrai qu'à mon retour sur le petit chemin, j'entends d'une voix douce, ceci :

« Tu ne regardes pas ce qui est derrière toi ? » Dans un Créole Haïtien que je comprends un peu. C'est à ce Moment que je me retourne et que je vois cette forme sombre titubante humaine indéfinie dans un état délabré à trois mètres environ derrière moi ? J'ai continué ma route pas rassurée, bien entendu au même rythme de pas. C'est arrivé à un Carrefour à la fin du petit chemin que j'ai couru et changé de route sans me retourner, pour prendre une voie de traverse et rentrer chez-moi, essoufflée. Apparemment ! Je n'étais pas seule sur le petit chemin ?

DERRIÈRE LE RIDEAU NOIR MON TOISIÈME ŒIL RACONTE

Il est vingt et une heure sous les Tropiques.

Du Deck, admirative par ce que je vois je m'apprête à vivre l'exaltation

D'une Beauté naturellement sauvage et nouvelle !

Car entre les deux montagnes aux sommets escarpés de la commune de Gourbeyre, une lumière mouvante attire mon attention,

Tandis qu'un ami se démène tardivement à fixer les lampadaires muraux de la Terrasse

J'ai pensé sur le coup, aux phares d'une Voiture ?

Bien ! Bien ?

Un éclair passe au-dessus des montagnes aux sommets noircis par les orages au-dessus

De la Commune de Gourbeyre.

(Image vue sur la couverture de 2013)

Ce qui me fit penser alors à un petit avion de touriste mais… Mais il fait Nuit ?

L'étrangeté pousse mon intime conviction à garder le Silence.

Un Silence qui m'effraie un peu à vrai dire ; car il fait déjà nuit noire de ce côté de l'île à cette heure ?

J'ai pris conscience que l'Ignorance m'effraie plus encore, face à ce que je vois,

Jusqu'à ce que la chose plonge du côté de la Rivière de Dolé qui passe sur Trois-Rivières et les lumières s'éteignent.

C'est à ce moment que je fis part de mes craintes et je pose diverses questions

A mon ami qui …

Sous l'emprise d'un regard chargé de mystères et d'angoisses surnaturelles

Me demanda de ne plus regarder et de surtout me taire… pourquoi?

Puis d'un coup il dit CHUT ! Bizarre tout ça ?

Il me dit que cette chose est entrée dans la maison, car l'air ambiant s'est alourdi.

Enervée par L'ambiguïté de l'étrange situation, je me mets à crier sur mon ami quand il a confirmé mon impression

Hé, bien ? Je n'aurai jamais inventé cela voyons ?

Car j'ai à peine avoir posé les pieds sur l'île que des choses étranges commencèrent ? Une boule de feu rentre chez-moi en pleine Nuit ? Pourquoi faire ???

J'ai mal dormi cette Nuit-là, puis aux environs de 3 heures, la femme est revenue, mais je dormais, j'ai tout de même senti sa morsure au gros orteil ce qui m'a mis dans un état de rêve éveillé. Je me suis mise debout sur le lit, je l'ai attrapée au Hazard le cou d'une main au pied du lit pour la ramener à moi, je lui ai demandé qui l'avait envoyée, elle m'a parlé de deux personnes d'une voix tremblante de peur (Soit disant !). Mais derrière la porte donnant sur la Terrasse, j'entendais du bruit, alors je fus déconcentrée et je l'ai lâché. C'est l'Archange Michel le chef de la Milice Céleste qui l'a chassé hors de chez-moi dans une langue que je ne connais pas. Quelle histoire ? C'était une Sorcière-Vampire ou… Je ne sais quoi qui venait s'abreuver de mon sang mais dommage pour elle ma vision éveillée m'a permis de bien la voir en chair et en os. Pendant deux/trois jours, je veillais à le faire à mon réveil pour trouver des indices sur mes visites nocturnes. Je trouvais des traces de sang devant la porte d'entrée et en bas sur les escaliers proches du Sous-sol, elle a dû changer de tactique ou il s'agit d'un autre monstre ? Par précaution, j'ai respecté ce contrôle jusqu'à mon départ de l'Île.

CE QUE J'AI VU EST UNE FEMME DE NUIT (UNE SORCIERE-VAMPIRE) QUI S'ECLAIRE DE FEU SORTANT DE SES SEINS, JE CROIS ?

Mon ami avait raison, car sans tarder les ennuis disons mortels à mon égard ont commencé mais rien de ce qu'on fait les démons ne m'atteignait. Cette femme m'a visité 2 jours après, pour recevoir « une chose de moi » que je ne lui ai pas donnée, bien sûr ! Parce que je l'avais reconnu à sa voix. On s'est battu plusieurs fois et prier le Ciel, jusqu'au jour où qu'elle me laissa tranquille. Ces démons sont très tenaces, le savez-le ?

LA NUIT ! LES DIABLESSES FONT LA RONDE DANS LES CLAIRIÈRES

Une maisonnette dans la Clairière dans laquelle Habite une Famille simple Le chemin de Terre et les sentiers d'herbes s'enfoncent dans la Nuit.

Par des chemins de traverse on arrive sur une Rivière qu'à une certaine de mètres.

Dans la Nuit, on ne reconnait plus les alentours, mais on entend bien le bruit de l'eau : « On dit que la Nuit les chats sont gris …Parce qu'on ne les reconnaît pas, peut-être ?

Les gens du coin disent aussi qu'à la Nuit tombée, qu'une belle femme s'assoit sur les Berges de la rivière, et fredonne des chants mystiques en brossant sa longue Chevelure noire avec délicatesse ! On dit que sa chevelure Ebène forme un tapis sur les galets et autour d'elle, pour Faire la ronde et danser avec les petites filles au centre d'un cercle, jusqu'au petit matin... Etrange non? Mais ! Lors d'une Nuit tardive quelqu'un frappe à la porte

Toc ! Toc ! « Qui vient chez nous à cette heure-ci ?! » dit grand-mère en chuchotant !

Les parents convinrent les enfants curieux à regagner leur chambre commune. Pourquoi commune ? Parce qu'ils n'étaient pas riches et qu'ils avaient beaucoup d'enfants !

Mais avant de répondre et d'ouvrir à l'inconnu à la porte, grand-mère allume la lampe de Pétrole, car il y a bien sûr certaines précautions à prendre parce que si vous dites « Oui » sans vérification et qu'il s'agit d'un esprit diabolique, il entrera avec votre accord et pour le chasser, c'est une autre histoire ?

En ce Temps-là ! On racontait beaucoup d'histoires vraies et de contes enjolivés sur les enfants disparus

Qu'emmenait la diablesse au Diable qui venait chercher les enfants qui n'ont point été sages ?

Après maintes précautions (Croix, Eau bénie et Sel… Etc.) C'est la grand-mère qui ouvrit la porte

Elle voit une belle femme vêtue d'une robe blanche avec de longs cheveux, qui lui dit :

« Bonsoir madame !

Je suis perdue (Ouais, ouais, mais il est 2 heures du Matin, normal ? Tout en jetant discrètement des regards furtifs dans la maison). Pouvez-vous me donner un verre d'eau à boire, s'il vous plait »

La Grand-mère ne l'invite pas à entrer mais la porte reste entrouverte, car cette diablesse l'avait coincé avec son pied semblable au sabot de Biche, ça craint ?

La grand-mère revient apeurée devant elle avec une carafe d'eau fraîche en terre cuite, et c'est en versant l'eau dans la timbale d'aluminium que tenait cette femme, que le regard de la grand-mère se fige sur ses pieds et croyant voir des pieds, mais elle voit des sabots de Bouc sous sa robe longue, grand-mère tombe dans les pommes. Elle fut retrouvée sur l'autre bord de la Rivière à l'Aube dans un état d'égarement loin de la maison…

C'était la diablesse en personne… bonne nuit à vous !

(Danser et faire la ronde avec ces enfants de la Nuit, ma mère ayant vécu cela avec sa mère, c'est elle qui m'a raconté cette histoire).

NUIT D'ORAGE SUR MON ÎLE

Profondément endormie, une pluie soudaine et déferlante

Me réveille brutalement. Des orages gris grondent dans le ciel sans Etoile et sans Lune.

Des éclairs flagellent l'air froid de leurs épées électriques qui claquent dans le ciel. J'ai peur !

Toc ! Toc ! Toc ! Sur « les persiennes du chien- assis » qui donnent sur le grand Sud !

J'allume la Veilleuse au-dessus de la tête du lit, et je lève…

Les pieds nus sur le carrelage froid à cette heure matinale, je me dirige vers la fenêtre

Et je fus Surprise! Car je vois une étoile à la hauteur de mon visage posée sur une des Persiennes ?

Serait-ce une étoile tombée du ciel ?

La main posée sur la poignée, j'hésite.

Toc ! Toc ! Toc !

Une étoile aurait- t-elle des mains ?

Curieuse de nature, je souhaite éclairer ce Mystère alors

J'entrouvre alors la fenêtre doucement…

Et j'entends d'une petite voix apeurée : C'est Lucia !

- Bonsoir madame ! Je suis Lucia, la luciole fugitive de la Plantation du Sang–Dragon de la Basse-Terre

Daignez me secourir s'il vous plait madame !

Car le Dragon furieux me poursuit il veut ma mort et celle des miens…

- Ouvrez ! Ouvrez vite s'il vous plait !

Mais… mais pourquoi vous voudrait-il du mal ? Lui demandais-je (étonnée face à un insecte apeuré)

- Parce qu'il est vieux et que son feu est sur le point de s'éteindre à tout jamais, me dit-elle !

Il ne pourra plus enflammer nos Buissons Montagneux des restes de canne à sucre

Alors il nous crache dessus sa bave brûlante pour nous noyer et voler notre lumière.

Snif ! Snif ! J'ai si peur !

- Lucia ne pleure plus, le Temps est mauvais dehors, alors je t'invite à entrer

Tu passeras la Nuit avec moi…Installe-toi sur le chevet à ma droite

À côté de mes livres d'histoires extraordinaires, et je veillerai sur toi.

Je me rallonge, j'éteins la veilleuse au-dessus du lit et je m'endors…

La petite luciole éclaire ma Nuit.

Je me suis endormie heureuse de ma bonne action nocturne c'est alors que j'ai compris qu'il s'agissait d'un

Rêve provoqué par les Orages, les Eclairs et le Vent

Le lendemain à mon réveil j'appelle Lucia… Lucia ! Elle a disparu,

Et les gouttelettes de Pluie sur la vitre effacée de la Persienne sont les témoins de son départ.

Je suis triste pour Lucia, triste pour sa famille et si c'était réel ?

*la Vie ne sera jamais exemptée de blessures, soyons prêts à secourir un être en danger.

UN SALE TEMPS

Un jour sans sortir

Á cause du Temps ;

Un Temps que je ne dirai pas mauvais

Ni bon, mais un sale Temps quand même !

Le Temps fait des caprices de bon matin

Il pleut averse, soyons prudents, car seul un besoin urgent

Me pousserait à sortir de mon logis douillet.

Les grosses averses font monter la Rivière de Dolé en bas à l'entrée

Du garage, grognent comme un Lion en démontant son lit, au-delà des Impatiens

En fleurs déracinées et allongées aux pieds des fougères de différents acabits,

C'est cela la rage des pluies sur les Îles ! Les averses trop lourdes

Font tomber les fleurs, les premières du Flamboyant jaune à l'entrée du garage, dommage !

On dirait de la Neige colorée. Quel triste spectacle !

Les Montagnes à l'ouest sont à peine visibles, mais grâce

Au brouillard qui plombe le Cratère de « La Soufrière » Je sais les situer du regard.

La nature est figée et fait mauvaise mine.

Soumis aux averses on ne peut que

Laisser passer la course du Temps sans lui courir après,

Et dormir avec le bruit de la pluie hypnotique sur les tôles blanches du toit… Dans

Ce cas je vous souhaite de bien vous endormir les Volets clos sous la Couette chaude.

LE MARCHE DU SOIR SUR LE BORD DE MER DE LA BASSE-TERRE

Je m'approche au plus près de la Mer du Bourg non loin de la Mer.

Les énormes rochers volcaniques couleur ébène sous l'eau, nuancent **leurs** couleurs au vert

Des profondeurs, c'est beau !!!

Le Soleil a quitté son Zénith et le Vent de l'Ouest rafraîchit la soirée par ses bourrasques,

Et de ses rais irisés matriculent poissons et coquillages posés

Sur les casiers de glace pilée.

Les Produits de la pêche du soir sortis de l'eau, ont le bleu de l'eau saline, signe de fraîcheur ! Le Bleu du ciel est légèrement effacé, tandis que l'air aux odeurs des cocos et de poissons frais rend la Foule joyeuse qui rigole avec les Pécheurs de leurs plaisanteries cocasses. C'est drôle!

Le Temps passe vite il est déjà 17H ! Et la Soirée tombe lourdement sur le bord de Mer.

Il faut quitter la Ville de la Basse-Terre, car les « à bientôt fusent » sur le marché aux poissons.

Des vagues maculées de sable noirs et des algues font comme un champoing

Mousser le Dôme des Rochers Volcaniques puis s'étalent aux pieds…

Des acheteurs au-delà de la rue, sur la place. Les clients habitués récupèrent leurs commandes les pieds dans l'eau. Je les vois s'agiter en regardant leur montre, car les Rais du Soleil sont presque éteints sur le Bord de Mer et, les pêcheurs allument les ampoules accrochées aux fils électriques du marché. Les Casiers se vident et les tréteaux sont rangés dans la Camionnette. Il faut se presser pour ne surtout pas rater le dernier CAR de notre Commune pour rentrer chez soi, avant la Nuit ! Le chauffeur du BUS Klaxonne, et les retardataires accourent !

CE MATIN LÀ

Tout est Silence et Fraîcheur

Dehors la Nature tremble et les arbres s'agitent au gré du Vent insolent qui

Renverse tout sur son passage !

A l'horizon, la Mer a perdu le bleu de son eau et les nuages sont gris !

Que se passe-t-il ?

Sur la Terrasse, mes amis ailés ne sont pas au rendez-vous ce matin-là !

Rouge-gorge, grisette et le merle noiraud, sur la balançoire aux oiseaux sur la Terrasse

Pour leur Pitance du matin ?

Ah ! Je vois seulement noiraud (On dit de lui un oiseau de mauvaise augure ?) Picorer par-ci par-là dans le Gazon mouillé?

Les autres sont tous à l'abri sous les larges feuilles du « gros Fruit à Pain » du jardin.

L'air angoissé s'est replié sur lui-même tandis que

Le Vent malmène les toits des maisons fragiles et les branches des grands arbres

Du bord des routes. Les commerces, les écoles et les magasins ferment déjà ?

Hum? Il y a anguille sous roche ou quoi ?

Les îles des Saintes tentent malgré elles de s'effacer de ma vue depuis le Balcon ?

Pour moi, c'est un mauvais présage. Des arbres tombés, déracinés, des branches cassées

S'alignent sur les routes et ralentissent la Circulation. Des coulées de boue et de pierres traversent les Voies, les conducteurs pressés s'agitent...

Cela est le Signe d'une Catastrophe pas encore annoncée dans les médias ?

La Sonnerie du téléphone retentit et me sort de mon inquiétude,

Au bout du fil, mon amie pipelette au courant de tout, m'annonce l'arrivée de la Tempête Mathieu

Que je n'avais pas entendu parler n'est pas loin de chez Nous, arrive sur l'île. Les habitants s'enferment chez eux angoissés… Fixent et mettent à l'abri ce qui est à protéger. Oh mon Dieu !

VISION POÈTIQUE EN ESPPAGNE

ESPAGNE 2013 à CALPE

Terre ocre, Mer bleu pâle et sable blanc !

Les maisons semblent avoir poussé

Sur les Rochers les Cactus chargés de fruits rouges se dorent au Soleil !

Le Figuier aux fruits noircis par la chaleur qui pèse sur la

Cour d'à côté, souffre de l'étouffante chaleur sans Brise, car

Ses Fruits habités nourrissent des petites chenilles qui imitent ses pépins

Sont devenus immangeables.

L'air chaud libère les chants mystiques des Cigales qui

M'hypnotisent et m'invitent à m'endormir comme le ferait un somnifère.

Je me couche et ferme les yeux pour mieux décoder leurs messages quand,

Subitement !

Je suis horrifiée par ce que je vois, suis-je dans une Vision éveillée ! Ou quoi ?

La Mer à Calpé a pris pour un fond de sable le Bitume de la route centrale du bord de Mer,

Elle avance avec une intelligence liquide

Sûre de sa direction. Elle **n'emporte personne sur son passage**

Mais renforce le débit et la puissance de son eau quand elle arrive à mon niveau.

Je suis un témoin visuel effrayé ! L'eau recouvre abondamment le trottoir et m'emporte

Dans sa fureur mouvante, je ne sais où ? Je bois la tasse, je me noie sans crier, j'ai très peur ?

Puis je m'aperçois que les vagues bifurquent, s'engouffrent sur un mur, et inondent un vieil Hangar de pêcheurs ?

Elles se dirigent vers une jeune fille brune, jolie grande, aux cheveux longs collés sur le dos

Par des vagues bouillonnantes et blanches,

Attachée et suspendue à un gros crochet fixé à mur, pour gros poissons qui

Appelle au secours. Elle s'agite en me demandant de la libérer oui, mais comment faire ?

(Le Lieu me rappelle une ancienne poissonnerie abandonnée depuis un bout de temps ?)

Je tombe dans les vagues bouillonnantes et froides, je me débats corps et âme pour la décrocher, tandis que l'eau prend une forme de mains…

Me soulève pour atteindre la corde au crochet, ce fut une mission épique pour ma petite taille,

L'eau devient alors houleuse, mousseuse et abondante,

Je tente l'impossible malgré la maladresse qui gouverne ma Peur. Confrontée

Au pouvoir de cette masse d'eau salée qui me voile la Vue et irrite mes yeux, mais poussée par l'Adrénaline

Je suis parvenue à la décrocher, soutenue par les mains de la Vague et je la laisse glisser dans l'eau, elle me

Sourit Timidement en guise de remerciement Je suppose ?

Des bras d'eau l'enveloppèrent, l'entraînant rapidement dans les profondeurs

Je n'ai pas quitté l'eau des yeux pendant un bon moment et …

A mon grand étonnement ! Au loin tout au loin là-bas, quand elle remonta à la surface,

Une queue rosée grise et brillante est apparue… Et je me réveille…

« MISSION SAUVETAGE REUSSIE »

Le lendemain je suis allée sur les lieux que je ne connaissais pas. J'ai vu les vestiges de la Poissonnerie.

Dans la Mer sur les côtes du Rivage presqu'en face du Hangar, une chose que je n'avais point vu auparavant !

Il y a un Restaurant non loin d'où je suis qui existe toujours avec pour décors une grande Statue du dieu Poséidon avec des Statues de Sirènes toutes aussi grandes autour de lui dans la Cour. A l'entrée du Restaurant Je fus très impressionnée par leurs tailles à vrai dire j'étais plutôt effrayée par les Statues… Pourtant !

(Cette nuit-là, j'ai aidé deux artistes femmes, j'ai écouté l'histoire d'amour d'une secrétaire médicale avec un artiste qui fut assassiné qui pleurait et se culpabilisait de la mort de celui-ci, dont je tairai les noms.)

C’EST LUNDI

Au dehors tout est gris. Une couleur de saison pour un Froid de Décembre me direz-vous !

Mais ? Pourquoi ce Froid atteindrait mon âme à lui figer ses ailes

Pourquoi le Temps donnerait-il sa couleur à mon sang jadis rouge, lors de son passage dans les

Galeries de mon cœur engourdi?

Tristesse? Oui je la ressens...

Déception ? Sans doute aussi !

Des sentiments que je ne devrais point ressentir

Des sentiments absents et mensongers de certains humains,

Connaissant le degré de la Violence physique,

Psychique et Morale que produisent, leurs actions assassines sur les autres !

Cette année ! C'est décidé parce que je retire mon Amitié et ma présence aux êtres toxiques autour de moi.

Je vivrai en Ermite loin d'eux en compagnie de mes amis êtres lumineux de dame Nature;

Car l’Amitié est un sentiment issu de l'Amour du divin.

Un attribut que Dieu donna à Moïse disant qu’il est son Ami !

Jésus parle aussi d’Amitié à ses frères spirituels et à ses disciples.

Nul n'a le droit de se servir de ce sentiment pour nourrir une quelconque trahison...

On ne badine pas avec les Sentiments du Dieu éternel.

Que le Seigneur me pardonne de cet Oubli pour

N'avoir point utilisé le don du discernement des esprits, Il se chargera de ma peine, je le sais !

Et je serai guérie, car j’ai Foi en lui et en ce que je dis de lui.

Il sait que le combat que je mène dans ce Monde pour mes frères est difficile

Et qu'un moment de faiblesse est vite arrivé... quand le chiffre 7 ne s'est point imposé !

Mais, pour le moment je retiens le Pardon le temps de digérer et d’oublier mes ressentiments, envers

Les coupables.

L'ECLYPSE SOLAIRE 2015

*

LE ROI SOLEIL* s'incline devant la Princesse des Nuits sombres

*

Un bel exemple de Patience et d'amour

Pour la belle Lune

Qui, à l'arrivée d'Aurore

Devait rejoindre une autre Terre ? Un autre Monde ?

- Enfin dit- t-elle !

Elle se serre contre le roi et c'est l'éclipse d'un Bonheur intime.

*Une Union longtemps attendue

Avec des hommes du Monde pour témoins

- Mon roi lui dit la Lune, je t'ai attendu tout ce Temps, afin de m'alimenter de ta lumière, pour mieux Eclairer les Nuits sombres de ce Monde : dit-t-elle !

- Oui princesse, je suis à ton rendez-vous : lui répondit le roi

Ma belle Lune qu'as-tu à me dire avant de nous dire adieu ?

Rien de nouveau du côté des hommes... dit-elle !

Ils ne font que parler aux Etoiles et à l'Arc-en-Ciel ! Je me demande pourquoi ?

Quand les nuages se raréfient, j'entends que c'est une Nuit sans Etoile et moi je suis ignorée ?

- Et toi Majesté qu'as-tu à me dire ?

- Heu ! Rien de nouveau en dessous de moi, tu sais !

Les hommes ne sont jamais contents, jamais satisfaits de ce que l'on fait pour eux, Tout leur est dû !

Ils se plaignent sans arrêt de moi : C'est Décevant !

- Ah bon! dit la Lune!

- Ils disent que mes rayons sont trop chauds, trop tièdes ou parlent " d'une journée sans Soleil "... cela m'attriste

Quand je m'approche d'eux c'est pour critiquer l'air et entendre : Quelle chaleur! JAMAIS un Merci.

D'autres s'exposent volontairement sans protection et se font brûler par mes rayons trop forts, disent « j'ai reçu des coups de chaleur à cause du Soleil" et oui ! Me voilà coupable de leurs erreurs ?

L'air est frais aujourd'hui : Il n'y a pas de Soleil ? Merci au Vent !

- Pourtant ils reçoivent de moi la Nourriture qu'ils demandent dans la Prière du "Notre Père..."

*

Un court instant de Tendresse puis

Ils s'éloignent peu à peu l'un de l'autre heureux de s'être retrouvé, un secret bien gardé entre les deux ?

Un dernier "clin de lumière" pour une dernière Salutation, caché par le rideau noir du ciel !

- Á bientôt, ma radieuse Lune ! Pense à mettre ta jolie robe rouge lors de la Soirée des Nuits Rouges de Mars pour les îles du Sud et pour les nuits froides. Je te fais la Promesse que je serai au rendez-vous de 2026 pour te donner de ma lumière qui te rendra radieuse dans les nuits sombres. Cette jolie attention privilégiée du roi pour la Princesse fait sourire et pleurer la belle l

A bientôt mon roi bien aimé

C'est fini...

*

Dure séparation pour des Astres si amoureux !!!!

Un jour qui sait? Le Soleil sera l'Astre de la Nuit et la Lune celui du Jour ???

*

L'ARRIVĖE DU PRINTEMPS

Ce matin le Soleil brille de mille feux.

Les premiers arbres du Parc

Lui offrent ses premières fleurs*

De ma fenêtre, je vois assis sur un Banc, sous le vieux Cerisier

Un couple âgé qui semble ne rien vouloir manquer de la générosité

Du Vent quand les pétales des fleurs s'accrochent à leur Chevelure blanchie par les années.

On dit que l'homme est souffrant ? Mais en parle-t-il au Soleil qui brille aussi pour lui ? Je n'en sais rien ?

Les pigeons et les corneilles ont quitté tôt le Parc ce matin… Mais où sont-ils allés

« Sur les rives du fleuve sous le Pont de la Ville là-bas ! » Répondit le Vent!

- Je crois qu'ils sont Perchés sur les branches basses des grands arbres

Pour taquiner les canards sauvages répondit le Soleil ?

*

ILS NE ME DISENT JAMAIS RIEN !

Mais qu'avez-vous à me demander, car j'ai tant de choses à vous dire?

Que je vous les écrirai mais il faut les lire.

L'EAU

L'Eau est la Vie, elle est vivante, intelligente, généreuse

Libre, précieuse et indépendante.

Elle suit les grandes règles spirituelles dans la Vie de ses utilisateurs.

Elle travaille sans cesse, même quand la réserve de son lit tari, mais ceci dit

Elle est présente ailleurs pour continuer son travail

Dans un éternellement recommencement sans se plaindre aux nuages

Bravant les obstacles du mieux qu'elle peut,

Jusqu'au jour où l'homme oubliant son lien fraternel avec elle,

S'acharnera sur elle et fera couler ses larmes mêlées à son Eau devenue impure.

Ainsi sa Pureté Originelle et sa Virginité Spirituelle n'est plus, c'est ainsi que

L'homme se détruit à travers elle.

Quand elle disparaîtra de la Surface de la Terre dame Nature agonisera mourra, et

L'homme disparaîtra à son tour. Il mourra après avoir lapé son lit asséché comme les fauves assoiffés : Respectons-la ?

Car elle fut au commencement et elle sera Nouvelle à la FIN de TOUT ce qui existe déjà.

Toute Vie à besoin d'elle y compris la vie de l'homme qui ne résistera pas longtemps sans elle

Et les Abeilles disparaîtront…

Heureux les hommes qui partiront avant que cela soit ?

Soyons reconnaissants envers les œuvres de la Création du Dieu éternel.

AU COMMENCEMENT IL Y AVAIT L'EAU ET A LA FIN IL Y AURA LE FEU ET LA MORT. (LA GENESE)

LE RITUEL DU 05H DU MATIN

Á mon réveil le premier geste que je fais, est d'ouvrir les quatre fenêtres

De ma chambre :

Celle du Nord Pour respirer le Vent légèrement glacial et délicat de l'Aube qui circule

A travers les grands arbres.

Celle du Sud pour observer l'état les bananiers et les Palmiers gorgés d'eau de la pluie de la Veille,

Ils retracent de leurs Hauteurs des lignes horizontales de leurs silhouettes sur la surface de la Mer,

Voyez-vous ! C'est le Signe de sa Sérénité.

CELLE DE L'EST POUR INVITER LES PREMIERS RAYONS DU SOLEIL A DEPOSER LES BENEDICTIONS DE DIEU

ET CELLE DE L'OUEST TOUT COMME UN CAMELEON LE BLEU DU CIEL QUI COLORE LA MER VOUS DONNE UN BLEU D'EXCEPTION DE TOUTE BEAUTE !

DAME NATURE FRAICHE COMME LA ROSE ROUGE SOUS LA ROSEE AUX FRAGRANCES DE L'ILE.

Aussitôt, je lève les yeux remplis de tendresse pour le ciel spirituel couleur mauve de l'Est grâce à l'Aurore.

Surprise non ! Pas étonnée mais plutôt interrogative ? Parce que derrière les cotonneux et épars nuages de l'Aurore se dissimule une autre Lune ?

Est-ce une nouvelle Lune?

Afin de me confirmer cette vision je retourne à l'Ouest, tandis que le Soleil à l'Est fait travailler ses rais translucides à travers dame Nature câline ce matin ! La belle dame se soumet à la douceur de ses caresses envoûtantes, fraîche et Spirituelles. Mais il y a toujours aussi cette autre Lune dégagée de nuage, c'est à dire sans Ombre au-dessus des Montagnes ni autour d'elle. C'est un Dilemme qui m'impose un choix ou une option?

Après plusieurs allers-retours pour une vérification afin de prouver ce que je vois. Je me suis posée la question sur l'existence de plusieurs Lunes et de plusieurs Soleils pourquoi pas oui ou non ? Sinon pourquoi une deuxième Lune serait toujours visible dans le ciel de mon île, à cette heure du Jour?

Pourquoi ne sont t'elles pas avec les Etoiles dans le ciel de la Nuit des Pays endormis ?

Alors soyez les bienvenus dans le Monde de l'Imagination ou dans la Réalité du Créateur? Est-ce qu'une des Lunes s'est trompée d'itinéraire, de Continent, vient d'un Monde parallèle avec un créneau horaire différent du nôtre ? Qui sait ?

Mais il est vrai que plusieurs personnes ont été les témoins de cela ?

LA PAIX

« Il y a trois réponses qui me taraudent

A savoir, pourquoi parler de PAIX quand elle n'est pas en soi ? Mais…

Quand la Guerre silencieuse se fait en soi, la PAIX ne peut y être non plus

Sachez qu'il n'y aura jamais de PAIX tant qu'il y aura des monstres ».

-

« Pourquoi parler d'AMOUR quand on n'aime rien ni personne ?

Alors que la HAINE multiplie et renforce ses racines dans le cœur fertile

De l'homme »

Qui saura me convaincre sur ces choses–là

Car pour moi rien dans les ressentis ou dans les ressentiments ne pourra changer les actions des hommes, N'est-ce pas ?

Le MENSONGE un FLÉAU qui aide l'homme à promotionner le CHAOS qui précède la CHUTE...

IL faut être en harmonie avec soi-même pour reconnaître le manque en soi pour combler le Vide, car

Quand les pensées sont justes les actes le sont aussi.

IL n'y a pas d'AMOUR sans HAINE et sans eux il n'y a pas de Paix en soi ni autour de soi

SOYONS DU BON COTE…

MATIN RÈVEIL

Ce matin, ce n'est pas l'alarme du Réveil qui me fit bondir hors de mon lit

Mais une terrible migraine qui prit ma tête en étau.

Mon regard se fige à travers les vitres de la fenêtre embrumée du Séjour, sur une animation qui se produit sous le robuste arbre du Parc tous les jours : Des pigeons les grains de riz poussiéreux mêlés, au sable souillé, aux petites pierres colorées et au gravier fin que dérangent leurs petites pattes bleues à cause du Vent.

Le Temps est frais ! C'est de saison, me direz-vous !

Derrière les vitres de la fenêtre restée close

Pensive, je les observe en disant à moi-même « où iront-t-ils après cette maigre pitance ? »

Mêlée à la poussière que transportent les chaussures des promeneurs.

Je vois leurs petites pattes mignonnettes, séparer les boulettes de Pain et des grains de riz, lancés des étages

Avec un savoir-faire méthodique (un geste pas recommandé de faire par le Gardien des Immeubles… Chut !)

Quand soudain, c'est comme décidé entre eux, je les vois s'envoler tous, dans la même direction, tels

Des Avions de chasses,

Puis sans trop qu'ils s'attardent, s'élèvent au-dessus des grands bâtiments et des Pavillons puis ils disparaissent de ma vue, arrêtant par la même occasion leurs roucoulements et leurs

Battements d'ailes impressionnants…

Demain ! Je sais qu'ils reviendront pour répondre à ma question « Où iront- ils ? Après…

Bonne journée à vous mes amis, pensez à bien vous protéger ; Car le Vent précurseur annonce de grandes chaleurs pour la journée.

Plus tard, j'irai me balader aux abords du Fleuve en pensant à vous. Bisou !

*

IL FAIT FROID

« Il fait froid ! Le fuseau Horaire de l'île a changé pour l'Hiver ailleurs. Ce matin au réveil j'entrouvre le rideau de la fenêtre de ma chambre, effleurant avec maladresse la vitre du revers de la main qui me confirmera l'état de santé du climat sur la ville. Je lève les yeux, scrutant le ciel sombre de l'automne à la recherche de quelques lueurs timides du Soleil, car la lune est prisonnière des nuages épars, ce geste suffira à ramener mon esprit voyageur dans la réalité du Monde des Vivants. Nos Vies sont faites de rencontres, de départs, d'arrivées, de voyages spirituels faits par notre esprit à travers les pensées volages.

Afin d'évoluer, il faut savoir choisir la bonne destination, à savoir ce que l'on veut visiter.

Le lieu où on va, le Pourquoi on y va bien avant la date du départ, car il faut prévoir les risques, les Surprises et l'intérêt intellectuel que l'on y retire.

Un Voyage réussi est un Voyage organisé, vous emportez avec vous des tenus adaptées au pays, médicaments et ordonnances surtout, reconnaître l'importance des choses que l'on possède, et quelle fut leur utilité dans vos Vie et d'analyser le côté pratique et la qualité de ce que vous souhaitez ramener, avant de l'adopter de façon à éviter les encombrements pour s'en débarrasser après. A partir du moment où vous avez plus de réponses positives vous devenez un être responsable et éclairé. Les gens disent que les voyages forment la jeunesse, ouvrent des horizons et attisent la curiosité, facilitent les liens sociaux et changent votre vision sur les choses, etc. C'est vrai ! Car souvent l'individu quitte ses Fondements Spirituels et Sociétales acquis dans sa Vie pour adopter le reste des autres, les résidus de choses inachevées de ceux qui se sont perdus dans des méandres du Mondes.

NOUS NE RÉFLÉCHISSONS JAMAIS ASSEZ AVANT D'AGIR, GUIDES PAR LE « MIEUX AILLEURS QUE CHEZ SOI et le C'EST BEAU » afin d'éviter le Regret ?

SOLEIL... SOLEIL

Ce matin tout est gris du ciel aux tréfonds de mon âme.

La Tristesse m'envahit sans que je connaisse la raison.

Soudain ! Une petite voix bienveillante m'interpelle, et

Dans ce moment de trouble me livre le Pourquoi ?

« Ton père te manque!

- Mon père ?

- Ce n'est pas celui que tu crois...

- Alors ! De qui me parles-tu la Voix?

- Du Soleil ? »

Et les bons Souvenirs après avoir chassé les nuages prirent des Pinceaux et de la Gouache, pour me dessiner un nouveau ciel avec les couleurs de mon Île pour que je n'oublie point que je suis une fille du Soleil...

Je suis triste.

LE TEMPS FAIT SON TEMPS

« Le Temps passe et ne recule pas dit-t-on !

On dit aussi qu'il court.

Alors ! Pourquoi le défier sans arrêt ?

Pour moi, le Temps ne passe ni ne se lasse

Ce sont les images qu'il promotionne qui changent.

Le passé et le présent sont en vous, le futur est dans les âmes

Comprenez-vous que celles-ci...

Personne ne peut vous les prendre si vous ne l'autorisez pas.

Le souffle marque la mesure de votre temps de vie sur la Terre,

Alors n'en perdez pas ne serait-ce que le laps à vétiller...

Parce qu'un jour le Temps se retournera contre vous si vous n'achever

Pas vos missions…

Faute d'avoir abusé de lui ou à l'utiliser à ne rien faire.

AH, j'oubliais ! C'est qu'il s'arrête aussi et que

La justice est aussi dans le temps des victimes, ainsi remplissez votre temps alloué

D'images merveilleuses, de Bonnes actions et d'amour,

Et quand votre temps s'arrêtera, vous continuerez votre Passage dans un autre Monde !

Fiers de l'avoir maitrisé pour l'utiliser à bon escient pour réussir vos mission ».

PENSÉE SPIRITUELLE

"Les plus grandes blessures dont souffre l'homme

Sont celles qui atteignent son cœur aimant trahi,

Car les plaies ne guérissent jamais sans laisser de cicatrices,

Et celui qui est blessé ne sera plus jamais le même, car

S'il ne sait pas pardonner il en souffrira, mais le Père l'aidera à le faire.

Car c'est l'Humanité qui en paiera le Prix, sachant que nous sommes liés les uns aux autres.

Il n'y a rien que nous fassions de Mal ou de Bien

Sans qu'un homme sur la Planète ne subisse des conséquences ou des avantages

Que ce soit de loin ou de près à des niveaux différents, bien évidemment !

Mais il ressentira tout de même en lui la Souffrance du frère blessé où qu'il soit, sans le connaître.

Car c'est une histoire spirituelle, de pensée et de connections d'ondes mais

S'il s'agit d'un crime grave impardonnable, priez Dieu pour lui remettre le jugement du coupable, et il vous délivrera de ce fardeau.

Pardonnez-les offenses, délivrez-les ils seront guéris au nom de Jésus, parce qu'il nous a demandé de le faire.

La Malédiction se transmet comme un héritage familial, mais celui qui la reconnait dans sa vie

Peut-être épargné avec l'aide de Dieu par les Prières sincères si vous le lui demandez.

Idem pour « le Bien » des hommes partageront les Bénédictions reçues

Avec des hommes à l'esprit dilaté et à ses frères du même Esprit où qu'ils soient sur la Planète,

C'est le principe du pain quotidien demandé dans « la Prière du Notre Père ». C'est à vous de voir.

UN RÉVEIL EN LUMIÈRE

Il fait Nuit, je sais.

Les pieds nus, vêtue d'une nuisette blanche transparente,

J'erre dans le petit bois où les arbres sont roses :

Et sur les branches des géants sont accrochées

Des lanternes argentées qui brillent comme les Etoiles

Eclairant dans la Nuit, le petit bois joli.

Silencieuse ! L'Etrangeté m'invite à pénétrer sa dimension!

Je lève les yeux pour implorer le ciel mais... Il a disparu dans la Nuit!

El n'y a pas de lune mais beaucoup d'étoiles filantes qui passent au-dessus des cimes des arbres.

J'avance d'un pas léger presque au-dessus du sol soulevée par le parfum subtil de la Rose !

Je perds l'équilibre en refermant mes ailes invisibles, sur l'ennemi qui rôde, et pour l'éviter je monte

Dans une Barque rose qui tangue sur l'eau noire avec les traces des étoiles filantes, je m'assieds.

Mais, où est passé l'Enchanteur de la Forêt des Bois Roses ?

Pour toute réponse la Barque s'arrête et un rectangle lumineux m'encadre tel un portail spirituel que je

Traverse curieuse de voir ce qui se trouve au-delà le lui ? J'essaie d'ouvrir mes yeux éblouis pour

M'apercevoir difficilement que c'est la lumière venait du Soleil qui traverse les vitres de la fenêtre

Le mystère résolu ! Je constate que je suis dans mon lit… quelque chose de tiède effleure ma peau,

Paniquée à l'idée qu'il puisse s'agir d'une bestiole, je saute du lit ?

C'est à travers le Rideau de la fenêtre que j'ai compris qu'il s'agissait d'un

Tour magique du Soleil qui frôlait les parties nues de mon corps de ses rayons tièdes sortis du

Cœur De l'Hiver rien que pour moi, le même qui brille le jour dans le jardin de mes rêves enchantés.

Ouf ! Un bonjour aux terriens qui se réveillent…

DES FLEURS À TOUS MOMENTS

« Des fleurs…

Pour ensoleiller la Vie

Les peurs et les envies

Des fleurs qui de par leurs couleurs et leurs parfums

Egaient les cœurs sombres brisés par le Malheur font

Un clin d'œil au Bonheur sain souhaité !

Des fleurs pour leur Beauté éphémère

D'une présence amicale, amoureuse et intelligente.

Une Touche discrète d'elles symbolise de par leur rayonnement de la

Bonne humeur !

Elles sont le Baume, l'Onguent contre la Solitude issue du plan Mental de leur entité

Elles évoquent le Bonheur à deux !

Quels que soient les moments d'Inquiétudes, de Tristesse, de Chagrin, de deuil

Ou de réconciliation. Parlez-les, dites que vous les aimez et l'Entité de leur Plan vous rempliera de Bonheur !

Elles déclencheront des Sourires à vos lèvres et de la joie dans vos cœurs tout simplement !

Aimez les Fleurs ♥ parce qu'elles vous aiment.

LE PRINTEMPS

Aujourd'hui, le Soleil salue frileusement l'arrivée du Printemps sous les chants des Oiseaux.

Bientôt ! De jolis bourgeons Multicolores apparaîtront sur les nouvelles

Branches des arbres fruitiers, des arbustes et des plantes à fleurs !

Pour s'éclater à la chaleur du Soleil et s'ouvrir au Vent, tandis que d'autres écloront en elles,

Et pour un peu de temps encore, ils s'épanouiront pour porter les fruits de Saison

Tant attendus pour célébrer les sentiments de l'Amour de Dieu en l'homme,

Grâce à la magie du roi Soleil quand il trônera à son zénith sous le Regard bienveillant

De dame Nature l'enchanteresse soucieuse de la protection du bien-être de ses habitants... En Eté.

C'EST LA FÊTE DU MUGUET! JOLI BRIN DE MAI

" Petite japonaise, Muguet international

Joli Lys des Vallées! Tu as reçu les qualités de porte bonheur

Des hommes mais les as-tu vraiment !

Tes clochettes au doux parfum éthéré des sols humides

Est celui des fées,

Le préféré de la Fée Clochette me dit le Vent !

*

Tu symbolises le Printemps et la Victoire

La fleur Clochette des rencontres amoureuses dit-on ?

J'aimerais tant que le Bonheur frappe aux portes

De ceux qui croient en ton Pouvoir !

Mais... tu sais, je ne peux que le souhaiter !

Il fut un Temps où tu étais la 'Star' du Bal de brin qui porte ton nom

*

Ah! Le Bal du Muguet !

Une fête qui s'apprêtait de blanc immaculé, comme toi,

Les jeunes filles travailleuses de l'époque portaient des jupons brodés et

Un brin de toi dans les cheveux et à la Boutonnière des garçons et des hommes travailleurs

Portant le pantalon blanc et un brin de toi aux Senteurs de toi qui

Parfume les mouchoirs de leur élégance appliquée avec des panneaux au nom de la Lutte !

*

De ta simple et parfaite beauté, tu supplantas la petite Eglantine,

Oh ! Jolie petite Églantine!

Un bouquet de toi est au sommet du triangle rouge de la division d'une journée travaillée ou

De Repos. Tu partageras la fête le premier du mois de Mai avec la fête du Travail...

Hélas pas pour tous!

Que représentes-tu vraiment?

*

Une date élue en mémoire du mouvement revendicatif

De ce 1er Mai 1886 de Chicago,

Entre travailleurs et les syndicats pour la journée des Huit heures.

Blancheur innocente ! Paix, Solidarités, Souvenirs, que dire ? Sinon

Que de la mémoire des hommes, ils t'honorent en ce jour

De fraîcheur Printanière pour que les rires et les sourires joyeux

Illuminent les visages gagnants des courageux pour les hommes à venir,

Remplissent les cœurs de Tendresses, d'amitiés et de reconnaissances sincères.

Pour toi mon joli brin de Muguet !

COMPLAINTE

*

Seigneur je suis épuisée par tout ce que je vois sur cette Terre,

Épuisée par ce que j'entends et que je subis... ici-bas,

Epuisée par le poids des vilaines pensées de ce Monde, qui

Font dévier la Planète Terre vers la dimension du feu éternel de l'Enfer.

Que devrais-je faire de plus?

Faut-il encore que je vive longtemps sur elle

Comme une pénitence pour faute commise ou

À cause de mes révélations envers ceux qui ne sont pas de Dieu ?

Le Mal possède facilement l'âme des hommes simples, il prend soin que de ceux qui lui appartiennent.

L'homme charnel a régressé en perdant les valeurs spirituelles qui qualifient son humanité

Qu'il était censé garder et d'acquérir les vertus qu'il ne possède pas, pour être

Eclairé, un être spirituel dans le Monde physique ?

Ne voilà-t-il pas qu'aujourd'hui, le Prince de ce Monde manipule des hommes

Inconscients pour provoquer le chaos sur Terre et entrer dans le plan astral de l'entité

De l'animal. Certains hommes s'éloignent de leur genre pour adopter celui de l'animal qui s'impose en lui ?

C'est une Fin ? La fin des Temps, la fin des choses anciennes, pour un recommencement différent de ce que les anciens ont connu…

Mais… avec une Race d'Homme d'une autre Genèse

Car l'Homme du Passé, l'Ancien des générations d'avant, disparaîtra dans les Limbes sans le Salut de Jésus… Bientôt.

MA MUSE SE RÉVOLTE

*

Il n'y a ni DIEU ni FOI

Que se passe-t-il ici-bas ?

Mon âme vagabonde en visitant le Monde

A vu la vraie couleur du sang de l'humain

Mon âme fut surprise, puis effrayée quand

Ă tire d'ailes elle vit en transparence pour se protéger.

Un liquide épais circule allègrement en elle

Pour se déverser dans les galeries secrètes du cœur de son Hôte ;

Ce sang noir aux senteurs des globules de la Haine et de la Trahison,

Du Mensonge, de l'Amertume de graines de Violences,

Abreuvent de son souffle l'esprit de la Mort que l'humain a lui-même

Placé au centre de son humanité

Détruisant peu à peu en lui le désir de l'Amour de Dieu et de la Vie éternelle.

Le Poison de la grande Ignorance se mêlant au fiel de la Solitude

Armé de l'épée de la Trahison,

S'accorde avant qu'il ne soit consumé à cause de l'Antéchrist avant

De lui présenter son père le Serpent ancien dont il a hérité le sang-froid maudit...

C'est comme cela un beau matin à son réveil, il se verra enchainé à son

Meilleur ennemi dans une dimension ; un Monde dans lequel il

Ne verra plus les couleurs de l'Arc en Ciel !

Parce qu'il sera bientôt trop tard pour lui ! Puisqu'il est attendu dans le Plan de l'Obscur !

Malheur à lui, il va chuter!

L'Enfer ouvre ses Valves, il sentira en première loge l'odeur du magma brûlant qui sort de son FEU

OH MON DIEU ! IL EST TROP TARD !

Aucun Salut ne lui viendra du Ciel de Dieu et que l'amertume de ses larmes des graines de Violence ne suffira **pas**

Pour éteindre le Feu éternel qui brûle déjà en lui, car il s'était éloigné de la Lumière bien avant cela.

Satan en liesse dansera sur son rythme préféré de la Salsa dans son monde ;

Un monde sans les Senteurs de l'Amour et de la Vie éternelle…

MALHEUR à celui qui chute sans son Salut !

LE RÊVEIL

*

Ce matin le Soleil face à ma fenêtre, me traverse le corps de sa chaleur

Quoi lui dire?

Moi qui l'ai tant espéré en Hiver!

Oh oui ! Je sais !

Qu'il dore ma peau cannelle aux Senteurs de mon Île.

Qu'il vitamine mes cheveux

Et... qu'il me mette un peu de lui dans mon regard sombre !

Soleil ! Soleil !

Je suis ce matin un rayon de Soleil qui réveille mon cœur amoureux afin de partager ma douceur de vivre dans l'attente de mes retrouvailles espérées et de la réalisation de mes promesses.

Quoi dire ?

Merci… HE… Bisous… Alors là, ça va être brûlant d'amour !

ALLÔ... M'ENDENTEZ-VOUS ?

L'esprit en détresse …

lance un SOS

À toutes les gentilles et jolies pensées

Qui volent au-dessus de ma dimension

Telles de blanches Colombes.

Mon cœur dilaté s'apprête

À recevoir vos douceurs dans les calices

Qui s'ouvrent et qui se fermeront bientôt

Au rythme d'une Passion bien maîtrisée.

Soyez les bienvenues douces pensées.

Au cœur de la tourmente de mes sentiments ;

Car mon âme s'exalte à la pensée

De vos arrivées !

Hâtez-vous à tire d'ailes les Colibris du Bonheur !

Avant que mon esprit curieux

Ne parte pour de nouveaux horizons

Et me quitte à nouveau... seule

En fait je ne le serai point puisque vous serez avec moi dans mes Pensées.

Á MON REVEIL

J'ouvre les rideaux de la fenêtre de ma chambre en me levant pour scruter le temps…

Lire en lui avant de lâcher mes pensées colombes, à la recherche du Bonheur de sous les toits des tuiles rouges...

M'imaginant un nouveau pouvoir qui sera

Celui de tout équilibrer dans les têtes des hommes.

Possible !? Sans doute ! Ne suis-je pas issue du Suprême ?

Pour l'instant que je m'accorde aujourd'hui, est que je ne veux plus connaître

Ni entendre les plaintes des hommes du dehors. Je n'attends…

Plus rien de ce que compte m'apporter le Vent intrépide sur les choses de l'Amour.

STOP ! Que la mouche s'aligne à mes souhaits !

Chacun sa vie.

Chacun sa mission.

Le Souffle de nos vies vient de Dieu

Mais, il ne faut point négliger que l'Univers évolue dans le respect de l'application de ses Lois

En accord avec les êtres de lumière et

Jamais sans vous...

L'Homme n'est pas un électron libre

Mais un élément pensant parmi les autres ; Un être intelligent parmi les autres. Pourquoi se croit-il supérieur aux autres créatures qui se soucient peu de son intelligence ?

Qu'aurait-il eu dans son comportement ou dans sa façon de penser qui lui fusse croire qu'il le soit, ne démontre ni ne transmet aucune des valeurs attendues par Dieu pour son Genre...

Car une Race qui pose Problèmes à la Création nourrit

Une énergie nuisible qui dérange le Cosmos,

Qu'elle prenne garde à la guerre silencieuse que mènent les Energies contre lui ! Car il n'a déjà que trop dépassé les limites de son Existence à vouloir s'imposer sans accord dans le Monde de l'autre.

Chacun son rôle existentiel sur la Terre c'est normal !

Mais il ne faut point négliger que l'Univers évolue dans le respect de l'application de ses Lois, en accord avec celles de Dieu, des êtres spirituels et des hommes à l'arrivée de Jésus.

Une Race qui pose des Problèmes à la Création en utilisant

Les mauvaises énergies qui dérangent la Loi du Cosmos seront détruites.

Qu'elle prenne garde à la guerre silencieuse que mènera le Cosmos contre lui !

LE PRÉSENT

L'homme a besoin de Souvenirs pour se définir dans son évolution

Pour se préparer un meilleur Futur.

Le Passé n'est pas à oublier mais à utiliser pour vous transformer et grandir,

Mais tout se résume au choix :

Les bons sont à fructifier

Les mauvais demandent l'aide du temps;

Du temps pour comprendre leurs actions,

Le Pourquoi de leur Existences ? L'homme ne demande qu'à suivre en toute Confiance

L'accomplissement de sa destinée sans les expériences du mauvais, impossible ?

Car les expériences mauvaises vous donnent des réponses pour mieux aborder le Futur,

Ainsi l'Important n'est pas la Rose... mais VOUS !

Nos Souvenirs sont des Instructeurs, des enseignants dans nos Vies

Ils sont des directives d'orientation à faire le bon Choix toutes les fois que les mêmes

Situations se présentent sur vos chemins de vie.

L'Important est de connaître les limites de ses actions pour avancer ou changer de voie,

Pour ne point dépasser ses possibilités, échouer ou ralentir les actions des autres, car nous sommes tous liés à l'Histoire de la Vie de nos Ancêtres

Pour connaître les origines de ses Faiblesses pour les renforcer soit pour les détruire soit pour les classer : C'est à vous de voir !

LE 11/09/13

LE PETIT CHEMIN DE TERRE EN OCTOBRE

Arrivée à l'entrée du vieux Pont

Je savais qu'il fallait que je traverse le petit chemin.

A pas traînant, je pénètre son Quartier

Les cailloux de couleurs et de différentes formes, roulent et craquent

Sous mes talons signent ma présence sur lui.

Chemin faisant entre les grillages éventrés à ses deux côtés

Sont recouverts de ronces et de végétaux rampants, dont j'ignore le nom.

Le Lierre aux feuilles presque séchées frémit, et les Mûres desséchées s'accrochent à leurs

Lianes épineuses immortalisées ?

Au passage du Vent chargé de l'eau du froid précoce du Mois d'Octobre,

L'Angoisse envahit sa Sève qui ne peut plus irriguer les feuilles en surface

A cause de la grande crainte de l'Hiver que les Climaticiens ont annoncé d'avance, sera rude

Mais par empathie, je tremble aussi.

Des Limaces noires hideuses au corps de carcasse de dragon que je n'avais jamais vu, profitent du Temps frais et

Humide pour s'accoupler. Elles traversent sans précaution à travers les cailloux du petit chemin, et se font écrasées, sous nos pieds, c'est triste !

Elles effraient les écoliers phobiques, tandis que je nourris ma vue

Du désastre temporel ?

Le Temps est triste et je suis triste pour toi, petit chemin !

- AH BON ! Pourquoi au fait ? Mais c'est l'Automne, me répond- t-il

Car je profite de ce Temps pour hiverner comme les Ours!

Tandis que moi je ne vois que l'exil et l'abandon du petit chemin ? Touché à mes mots ses larmes du Temps me mouillent les Boots.

Ne craint rien, lui dis-je ! Car même à nu les toiles d'araignées d'habilleront.

Je te traverserai en compagnie de ma Muse pour faire court à ma destination...

Et tu ne seras jamais seul puisque qu'à travers le ciel gris au-dessus de toi.

Les Rais les plus puissants du Soleil te réchaufferont comme nous le ferons aussi

Avec nos rires et nos chaudes pensées en passant à travers toi pour le repos de dame

Nature qui s'apprête pour le grand froid à très bientôt petit chemin de terre !!!

AMITIĖ ET AMOUR LES SENTMENTS COUSINS

Ne donnez pas trop vite votre amitié à un étranger

Ni votre amour à un inconnu

Qui sont de Précieux sentiments divins.

Mais savez-vous que l'humain a le pouvoir de dissimuler sa vraie personnalité

Le temps d'atteindre le but qu'il se serait fixé dans le Temps ou

Pour satisfaire un besoin immédiat ou futur, va vous mentir,

Mais le masque tombera un jour et

Les instincts se dévoileront forcément

À cause de l'absence de Sincérité qui a le pouvoir, de dissimuler les sentiments provisoires

Non issus de l'amour de l'autre, dont la durée de son pouvoir magique ne dépasserait pas les trois mois veillez sur ce temps de réflexion et de sondage.

C'est alors qu'apparaîtront les premiers signes du Mensonge, de la Tromperie… Etc.

Qui bien souvent passent inaperçus aux regards amoureux.

Alors, patientez, observez, testez les sentiments de l'autre pour vous

Et sonder les attentes de l'autre de vous et de vos attentes chez lui

Afin d'éviter les douleurs de la Déception et les Blessures du Regret.

Si vous n'arrivez pas, demandez dans vos Prières : LE DON DU DISCERNEMENT DES

ESPRITS AU PERE qu'il vous donnera gratuitement, alors mettez-vous au travail !

Il est écrit : « DEMANDEZ A DIEU EN MON NOM ET VOUS RECEVREZ » Dit le Seigneur Jésus aux Croyants.

COUCOU ! UN MATIN D'OCTOBRE SANS SOLEIL

Une ampoule électrique suspendue au plafond

Se voit derrière la vitre de la fenêtre close

Etrange me diriez-vous ?

NON ! NON!

C'est le ciel...

Qui emprunte l'ampoule du plafond de ma chambre

Pour voir les toits de tuiles rouges des Maisons de la Ville assombrie.

Des hommes à travers la grisaille du Temps, cachent leur mauvaise humeur matinale.

Houlà ! Il fait frisquet dehors

Un café, un jus de fruit, un pain au chocolat... Heu ? J'hésite sur ce dernier que je dépose... sans regret

J'ai envie d'endosser le rôle de Mme Météo : Vous me direz que ce n'est pas nouveau chez moi !

Mais bon ! Ma Muse m'encourage. A vous Saluer.

LUMIERE… LUMIERE

Á travers les vitres glacées de ma fenêtre que verrais-je aujourd'hui ???!!!!

Oh ! Oh ! Toujours cette ampoule suspendue !

Et cette grue qui s'impose plus encore à ma vue... Tien ! Tien !

Elle est en mouvement et lance des SOS au ciel de la Terre!

Une lumière bleue issue de son centre clignote maladroitement, et le drapeau rouge déployé à bout

De bras alerte l'homme sur sa détresse du Vent ?

D'où je suis-je ne vois pas d'horizon ! Plus de raison de sortir et c'est tant mieux,

Car la Brume affamée a avalé le ciel de l'île ainsi que le sol du 2ème ciel ...

Mon " là-bas" a disparu ?

Tout est gris au dehors et sombre à l'intérieur.

Un Oiseau fatigué passe éperdu ne sachant où percher,

Pauvre petit oiseau aux ailes lourdes seul, luttant contre cet épais brouillard d'Octobre !

Que faire quand le Temps a mauvaise mine ?

Je l'ignore ? Le savez–vous ?

Mais plus j'observe, d'avantage je m'enfonce dans son matinal magma

Qui me semble vouloir se placer dans ma tête... de rêveuse.

Mon chat grisou s'étire dans mon lit, je fais de même, il s'allonge à mes pieds,

OK, j'ai compris. Je referme le rideau. C'est décidé!

Je tire la couette sur moi avec des rêves pleins la tête et

De jolies pensées pour ceux que j'aime

DONT MON AMI LOINTAIN... Et JOLI COLIBRI !

UN MOT POUR UN AMI AU-DELÀ DES OCÉANS

« Tu sais tout comme moi, que l'un des grands instants de Bonheur dans la Vie se retrouve dans l'Amitié,

Et sais-tu aussi, que le bonheur que l'on y trouve, est simplement de savoir à qui la confier sans me tromper !

Je te confie solennellement la mienne.

Désormais, c'est à toi d'en prendre grand soin, c'est à toi de garantir ta confiance en moi et je ferai de même pour la Tienne mon ami d'où tu vis... »

MON AMOUR ? MON AMI

L'Automne tire majestueusement sa Révérence

Avant que n'arrive le Vent glacial et rapide de l'Hiver, chargé de cristaux de Neige

En tenue de Mariée...

L'Hiver ici et l'Hivernage dans mon Île !

Les saisons se suivent et ne se ressemblent pas nous dit un Dicton...

Mais Vent d'Automne ! Pourras-tu me révéler secrètement

L'état du mois de Décembre?

Sera- t-il doux ou plus cruel envers les exclus de la Société ?

Afin que dans mon manteau douillet et chaud, sous le signe de Noël me

Tienne chaud dehors.

Dans ma chambre, nichée sous ma couette pour que la grande Paresse

Nourrisse mon désir rêvé de voyager au-dessus des nuages de mon île sous le ciel étoilé, de Noël !

Serais-je triste à l'arrivée du grand froid de Décembre de la FRANCE ?

KARUKERA...Tu me manques.

BOUQUET FLEURIT

Rose... Bleu... Vert les couleurs printanières que déverse la jolie dame Nature

Dans vos cœurs pour que les sentiments exprimés reflètent les couleurs nuancées de l'amour pastel en vous...

En ce jour dédié au "BONHEUR" recevez de moi mon affection et mes amitiés sincères... émue... Je...

Ne sais pas quoi dire de plus que soyez heureux!

Tendresse. Line

LA FORÊT MAGIQUE

J'aimerais tant

Trouver du temps ici !

Pour que je prenne du repos pour libérer mon esprit

De mon temps compté.

Tout devient temporaire

Quand kidnappée par des rêves insensés de haut vol

On décide de lier son temps à celui de l'autre sans le connaître.

Des vagues à l'âme naissent et se nouent

Pour que le Temps les dénoue,

Mais hélas ! Le Temps fait ce qu'il veut de son temps ! Et les furies de malheurs

S'esclaffent aux abords des murailles escarpées de nos deux Vies, prisonnières de l'amour

Qui fait couler leur eau amère

En Tempête de larmes à cause du temps perdu

Dont les cœurs creusés à vif marquent les visages allongés

Des victimes.

JOLI MOIS DE MAI

Ce matin ! Le Soleil accueille ce joli jour du mois de MAI

Les arbres du Jardin sont rayonnants joyeux

Se détendent à ses rais et les fleurs naissantes

Telles des gorges s'ouvrent pour

Qu'en leur sein coule leur doux nectar, le Seul prélude d'un joli PRINTEMPS

Qui au dehors parfumera l'air du Temps de senteurs multiples et particulières

Chargé du Bonheur saisonnier ou pas !

À déverser dans le cœur des hommes du bout de la Terre dits : Les

Oubliés de leurs frères du Centre.

Puis

Parce que le Soleil brille au-dessus de tous les hommes

Qu'ils soient bons ou mauvais, c'est un Cadeau de l'Amour que le Père éternel offre en partage

À ses créatures pour qu'elles soient heureuses.

LE PRINTEMPS S'AFFIRME

De ma fenêtre comme pour ne pas changer me direz-vous !

Que verrai-je ce matin ?

Du Soleil!

Serait-ce déjà le Printemps qui s'affirme ?

Les rayons irisés aux couleurs du ciel et de l'astre de Feu recouvrent le clavier de l'Ordinateur et animent

Mes doigts de fée (hum!) pour que j'annonce la saison nouvelle ainsi un nouveau statut sera écrit rien

Que pour vous !

Le Bouleau dénudé tout ce Temps est frileux et reste sur ses gardes, car il craint les terribles giboulées de Mars pour ses nouveaux bourgeons, dit-il au Soleil !

Prudent à souhait, il ne sortira pas toutes ses feuilles non plus,

Son Panache chlorophylle fera de lui le plus bel arbre du Square à la saison chaude.

Mais, il me présente en avant-première, pourpres et parsemées en entête, les plus précoces de ses jolies fleurs, grâce à la magie de dame Nature pour le plaisir des hommes ! Mon regard attiré par elles, fait pleurer mon âme touchée par la Beauté de ses feuilles font rire le Corbeau posé sur la cime de l'arbre d'en face... Je l'entends ! Il rigole à tout BEC de moi qui pleure

De Joie.

LETTRE Á MON VALENTIN PARTI ?

Mon amour ! Une main glissée dans la tienne,

Un échange de regard, un éclat de rire partagé,

Des disputes oubliées, des jalousies pardonnées

Et ce besoin de toi. Ce besoin de te voir et de t'entendre

Transcende mon âme ! Ces moments n'appartiennent qu'à nous

Pour qu'à chaque instant, ancrés en moi tel un Navire amarré à son Port d'attache,

Soit la certitude Existentielle que j'ai fait le bon choix avec toi. Je t'attendrai.

Reviens, je t'aime.

ALLÔ... M'ENDENTEZ-VOUS ?

Mon esprit en Stress

lance un SOS

A toutes les gentilles et jolies pensées

Qui circulent et volent au-dessus de ma dimension,

Telles de blanches colombes

*

Mon cœur dilaté s'apprête

A recevoir vos douceurs dans les réceptacles de mon cœur

Qui s'ouvrent et qui se referment

Au rythme d'une douce Passion

*

Soyez les bienvenues les belles pensées aux ailes dorées

Au cœur de la tourmente de mes sentiments,

Car mon âme exaltée à la pensée

De vous entendre, s'impatiente de vos arrivées !

*

Hâtez-vous à tire d'ailes

Avant que mon esprit curieux

Ne reparte pour de nouveaux horizons,

Et me quitte à nouveau... Seule ? Non. Non. Non.

Je ne le serai point puisque vous serez avec mon esprit avec mon ange !

JE VOUS AIME

LES PIGEONS VOYAGEURS DANS UN QUARTIER DE LA VILLE

Ce matin ! Ce n'est pas l'alarme du réveil qui me fit bondir du lit

Mais une terrible migraine qui prit en étau ma tête.

Mes paupières se plissent à regarder les vitres de la Fenêtre embrumées du Séjour

Sur une animation qui se produit tous les matins sous le plus gros arbre du Parc qui fait barrage

Au Vent froid !

Des Pigeons picorent les quelques grains lancés et mie de Pain par ci par là des étages

Qui se perdent dans le gravier et le sable que dérangent leurs petites pattes bleutées.

Il fait froid ! C'est une mi- saison du Printemps, me direz-vous ! Je sais...

Derrière la fenêtre restée close, pensive, je les observe en me demandant où iront ces pigeons après cette maigre Pitance ?

LE TEMPS

Tout devient temporaire à ma vue quand

Kidnappée par des rêves insensés de grande envergure. Trop souvent

On décide de lier son temps à celui d'un autre la vague à l'âme.

Les pensées trompeuses se nouent et le Temps les dénoue à sa façon,

Hélas! Le Temps fait ce qu'il veut de son temps ! Et les furies de malheurs

S'esclaffent aux abords des murailles escarpées de nos deux vies

Pour glisser dans les eaux acides et cruelles de la Déception

En tempête de larmes, à cause du temps perdu

Dans les cœurs creusés à vif. La Déception se lit sur les visages allongés des prisonniers de l'amour Assassin.

MON ÂME PLEURE

LE 18/07/2013

Fatiguée d'écouter les voix manipulatrices,

Écœurée par l'odeur fétide du Mensonge

Le cœur palpitant par l'air du Temps qui stagne à se confiner.

Je me suis endormie sur une pesante réflexion sur la Mort

*

Le lendemain au petit jour quand j'ouvris ma fenêtre

Comme la veille, elle était partie en laissant la Ruine dans mon cœur.

Ma Confiance est brisée !

Et l'Oubli ne se construit pas encore,

Pas d'Excuse ni de Pardon, des outils utiles à la Sérénité du futur ?

J'attends.

*

Ce jour sera nouveau.

Dehors le Soleil brille de mille feux,

Et dans sa détermination annonce

Une chaleur oppressante qui parasitera mes pensées

C’est comme si elle rendait captif mon souffle d'air.

Doucement remuée, je reste pensive à regarder les toits des maisons

M'interrogeant sur ce qui s'y passe en dessous d’elles

Sur les sentiments qui naissent alors que meurent incompris les plus beaux...

Trahison. Mensonge. Manipulation destructrice !

Ennemis de l'Amour du divin, amis de la Rébellion

Diabolique. C’est un Mystère !

Le Ciel pour juge, je ne suis coupable de rien, pourtant je suis

Condamnée par le diable pour amour donné aux siens.

Mais Dieu me rendra Justice en me pardonnant

Les pages du Livre de la Vie seront tournées ce matin

Et de la plume de mon Avenir incertain, j'écrirai une suite bien à moi

De celle que je voudrais vraiment sans faire double face à ma destinée...

C'est décidé !!!!

*

MORALITÉ

*

Quand votre âme est touché par la Trahison, apprenez à utiliser la Puissance de l’Amour de Dieu pour la soigner ... Quoi que l’on fasse, il y a toujours un retour par le Karma lorsqu’il n’est pas réparé à temps, et que celui à craindre est le Choc en Retour qui frappera le coupable désigné par l’Astral du même crime. Un retour dans lequel Dieu n’a rien à y voir.

Á TRAVERS LE GRILLAGE

Un bout de jardin clôturé négligé,

Des petites fleurs sauvages à Foison

Y ont fait leur demeure privée

Le Vent souffle en douceur

Et les herbes hautes se balancent avec aisance à son passage,

Le Vent libère avec sa brise légère les héritiers de ces fleurs sauvages, derrière le grillage,

Je les observe.

Mais l'objet de mon attention

Est la petite fleur d'un rouge vif

Qui semble posée sur un tapis d'épines,

Une magnifique beauté du Printemps.

-Petite fleur sais-tu que tu es la Star des Clairières ?

Et tu fais la belle dans les tableaux des grands Peintres, lui dis-je ?

Quel est ton nom ma jolie ?

Toutes les autres répondirent ensemble

Violette ! Lilas des bois ! Lavande… et moi Aubépine !

L'herbe Sauvage la plus haute du groupe, me dit avec fierté :

Je te présente mes nouveau-nés qui sont à mes pieds,

C'est ma famille Sauvage qui jouit de la Clairière.

Mais toi jolie petite fleur fragile, comment t'appelles-tu lui dis-je !?

Timide, elle se cache et d'une petite voix fluette me dit :

Je m'appelle Coquelicot et je suis la plus légère et la plus belle des fleurs

De la Clairière !

Et… Je quitte la Jolie Clairière pour rejoindre ma maison les yeux pleins de rêves…

SOUS LES TROPIQUES AU SUD DE LA BASSE-TERRE

Sur la Commune l'air est frais. Il pleut abondement dans le Sud ce matin.

Le Vent humide pulvérise les fragrances de l'amour de la Rose rouge de l'Aurore.

Soudain ! Apparait des hauteurs les Bananiers de l'Est, tandis que le Soleil cache

Ses faibles rayons qui ne fortifient en rien les Belles de jour.

Etrange ! Aurore ne s'est point montrée ou je n'étais point réveillée ?

Les serrures des logis sont fermées à double tours ? Ce n'est pas rare ici en période de pluie,

C'est vrai !

Allongée sur le lit ne sachant quoi faire ? A la radio une musique de Jim Morrison

S'écoute mélancoliquement.

L'IRLANDE m'ouvre les portes de ses pâturages, je suis bien.

La lumière du Jour s'est placée dans l'angle Nord de ma chambre

Pour fuir les grossiers nuages noirs de Colère qui maintiennent

L'âme des îles des Saintes de la Guadeloupe sous les Orages.

Etonnée comme par enchantement, je réalise que ma maison

Est aux pôles de deux mondes :

Celui de la Lumière au nord face à celui des Ténèbres au sud...

Les Oiselles font les belles dans un couinement incessant, vivotant au-dessus du Fût en bois rempli d'eau de Pluie qui sort de la gouttière, pour attraper et manger les rainettes tombées des arbres qui se noient...

Volent ! Volent! Les Oiselles !

Les Pies prédatrices et voleuses suivent les sentiers que trace le Vent chargé de l'eau du sud dans les

Herbes folles, à la recherche d'imprudents insectes et des vers de terre piégés, qui remontent de la

Terre. Le Temps du repas pris, elles s'envolent les ailes mouillées, font la ronde entre elles pour

Sécher leurs ailes et disparaissent derrière les maisons de Gourbeyre, à l'Ouest de ma maison pour se

Protéger, oui ! Mais davantage du Vent que de la Pluie !

L'ORAGE ECLATE - LE TONNERE GRONDE- LES GOUTIERES SE DECROCHENT- LES RIVIERES DEBORDENT LE -CHIEN ABOIE… Dormez bien !

LE 02/09/13

LA DESCENTE AUX ENFERS DE LA CONSCIENCE

Ce matin c'est décidé !

Je ne polluerai plus mon cerveau

A lire de tout et de n'importe quoi,

A vouloir aider la Veuve et l'Orphelin seule...

Quand tout est perdu d'avance!

Je n'inviterai pas de cauchemars pour noircir mes nuits agitées.

A garder en tête des images sanglantes

De cadavres horribles d'animaux et des corps de mon Genre calcinés

Et massacrés, par son propre Genre.

C'est bon, j'en ai marre !

Je constate avec tristesse et souffrance que la race humaine s'est abaissée

En-dessous du règne animal du plan astral, loin de la dimension de Dieu

Et promet à nos petits, l'errance dans des mœurs dissolues.

Que chacun assume à son niveau d'intelligence les drames qu'il créé

Que nous assistons impuissants à…

Une nouvelle chute de l'Humanité que provoque la Violence pour tout et en tout.

Que chacun réfléchisse en son âme et conscience

Pour trouver en lui les raisons du Chaos pour y remédier

Pour recevoir le Salut de Jésus pour vivre l'Eternité, mais pas dans

Un Monde dans lequel l'humain ne veut que des droits et

Invalide ses devoirs et ses responsabilités....

Pourtant, tous parlent du Dieu unique et éternel ?

Qui est votre dieu ? Quel est son nom ?

Dieu éternel ! Répondirent certains !

Vous faites bien de le nommer ! Car Dieu peut détruire les choses qu'il a créées,

Mais, Il ne peut être contre lui-même à vouloir que l'humain

Verse le Sang de ses frères ni celui de l'animal, quelque soient les causes.

Car Satan se délecte des âmes des perdants, son délice préféré !

SUR LE TAPIS ROUGE

« Tout commence par une Vision de Nuit...

Une famille royale ? Je le sais à cause des Tenues qu'elle porte

Fait son entrée sur un long tapis de sol rouge.

Des gens du Peuple ? Sont assis dans les Estrades qui me font

Penser à une Amphithéâtre ou à un lieu de Théâtre?

Je ne sais pas trop ? La Scène passe vite, trop vite pour mon 3ème Œil.

Une petite fille de moins de 4 ans précède le Couple, je les regarde tout en me posant des questions.

Qui sont ces gens ? Sont-ils des personnalités ?

Le Public acclame, ovationne la Famille ! J'ai compris des années plus tard que cette petite fille est moi...

DE MA FENÊTRE

Comme pour ne pas changer, me direz-vous ?

Que verrai-je ce matin?

Du Soleil !

Serait-ce le Printemps qui s'affirme déjà ?

Les rayons irisés de l'Astre de Feu réchauffent le clavier de mon Ordi

Et animent mes doigts pour vous annoncer l'arrivée de la Saison

Dans un nouveau Statut.

Le Bouleau dénudé de ses Feuilles d'avant l'Hiver est frileux et reste sur ses gardes,

Car il craint les terribles giboulées de Mars, me confit le Soleil !

Prudent à souhait, il ne sortira pas ses jeunes pousses et…

Son panache de Chlorophylle orangé, fera de lui, le plus bel arbre du Parc,

Parsemé en entête de précoces pétales pour ses jolies fleurs.

Dame Nature le regard posé sur eux, fait pleurer mon âme et rire le Corbeau posé sur la Branche du cerisier du voisin toutes ailes déployées : Un Tableau de Peintre merveilleux !

Je l'entends d'où je suis rigoler à tout bec de moi ?

LE SOLEIL BRILLE POUR TOUS

« Ce matin le Soleil brille de mille feux

Le premier arbre feuillu à l'entrée du parc

Lui offre ses jolis bourgeons prêts à souffrir aux rayons du Soleil.

Derrière les carreaux de ma fenêtre,

J'observe assis sur un banc, un homme

Qui me semble ne rien vouloir manquer de sa générosité.

On dit qu'il est souffrant! Mais va-t-il se confier au Soleil qui fait briller son âme ?

Aujourd'hui les pigeons et les corneilles ont quitté tôt le Parc ?

Mais où vont-t- ils, à cette allure ?

Sur les rives de la Marne taquiner les canards sauvages, sûrement ! »

LE PRINTEMPS

« Le Soleil salue l'arrivée du Printemps luxuriant,

Bientôt ses fleurs se transformeront en fruits délicieux et juteux

Et... Encore un peu de Temps nous les verront s'épanouir et mûrir

Au Soleil.

Certains arbres porteront les fruits de saison succulents et d'autres des fleurs pour

Les Abeilles, afin qu'elles préparent le Miel doré pour satisfaire le goût des hommes

Et le Colibri ou le Sucrier comme il est appelé chez nous, de leur Miel liquide et sucrée

Par la magie du roi Soleil quand il trônera à son Zénith... Sous

Le regard bienveillant de l'enchanteresse dame Nature,

Soucieuse de la protection de ses habitants dans toutes les saisons... »

29/09/2012 : LA NUIT D'IRIS : Récit d'un rêve éveillé mais réel…

C'est la veille des Vacances de Pâques et comme à chaque année, mes parents m'accompagnent chez ma grand-mère. Heureuse de pouvoir m'amuser avec les poules de la Bassecour et de nourrir de cannes à sucre, de mangues vertes et de piments rouges les crabes pour l'occasion. Espiègle, je les pousse à l'aide d'un bâton à montrer leurs pinces, c'est rigolo ! Mais, c'est le vacarme qui se fait entendre qui alerte mamie Surette: Calmez-vous les enfants, crie-t-elle ! Ti manmaye kité sé krabe la trank'il' pani moyin èvè vou ! Le créole de mamie me fait rire, mais pas mamie !

Ces Séjours à la Campagne révélaient en moi des capacités sportives que j'ignorais telle ma vitesse de course quand le Bouc énervé me prenait pour cible à casser sa corde et que pour lui échapper, je grimpais sur la grosse branche basse du Prunier jaune les faisant tomber verte ; des bêtises j'en faisais… Toujours... Je suis un garçon manqué dit maman ! La Nuit tombe vite dans les Campagnes. Une odeur iodée se soulève, le bruit que fait le Vent à travers les feuilles des arbres fruitiers, je ne sais pourquoi me fait penser à la Mer et pourtant, j'ai si peur de la noirceur de son eau le soir ?! Le sifflement du Vent se transforme en un chant de Sirène. Chut! Je fais semblant de croire que la Sirène aux cheveux jaunes et courts, vient me chercher. Sourire inquiet aux lèvres je me Recroqueville sur le ventre de mamie, et je vois à travers les planches du Mur de la petite maison de Campagne que les étoiles et la lune font bon ménage !

« Bonne nuit me dit mamie Surette, en effleurant mon front d'une bise protectrice contre les cauchemars... fait de beaux rêves! Oui mamie, toi aussi!!! »

Á travers de l'unique fenêtre sans rideau, je vois passer les feux follets qui décomposent les bruits de la Nuit avec leurs ailes. Mes paupières s'alourdissent… et lentement je tente de visiter le Monde des rêves, mais une visite inopinée, me ramène à ma place aux côtés de mamie. Zin Zin Zin, je m'agite, mamie dort déjà, elle ronfle fort et me fait peur, Je me recouvre la tête du drap senteur la Naphtaline pour échapper aux piqures de mon ennemi invisible, et me voilà hors du lit sur une colline ; non; une haute montagne ! Le Vent est frais et je suis seule ! Où est mamie ? Mais des Hauteurs, j'aperçois une femme et un homme dans la Mer, dont je ne vois que les épaules, qui me font de grands signaux de la main pour m'interpeler, des personnes inconnues pour ma part mais qui semblent pourtant bien me connaître ? Etrange ? Ces personnes me demandent de sauter de là-haut dans la Mer.

Je crie de toutes mes forces : « non, non, je ne peux pas ! Je ne sais pas nager! Je ne pourrai pas respirer sous l'eau! » Mais ils insistent et me disent, surtout la femme : « n'aie pas peur, tu verras je t'aiderai à respirer sous l'eau ». Alors, à plus d'un kilomètre de hauteur attirée par la magie dans sa voix je me laisse tomber sans craindre de me fracasser sur les cimes des Rochers acérés qui ont l'air d'attendre que je saute pour m'embrocher! Des fous rires éclatent lors de ma chute et des jets d'eau salée s'émergent à mon contact, je m'enfonce… Je m'enfonce de plus en plus et au moment où je croyais me noyer… Surprise ? Je respire sous l'eau, et cette femme me dit : « Tu vois que tu respires!!! ».

Tout cela me semble être programmé ?! Pensais-je.

Car la femme fut la première à se déplacer pour prendre une direction sûre, tandis que moi, je m'accroche toujours à la jambe de l'homme qui est à ses côtés qui me paraît à ce moment être un géant, fort en muscles. Je n'ai point eu peur d'eux. Nous voilà ensemble glissant comme les poissons dans les profondeurs de cet Océan pour une destination inconnue, sans me dire un mot. Je ne vois que les profondeurs de l'Océan et rien d'autre. Tout est sentiment et pensée dans cet univers marin. Puis au bout d'un moment la femme s'écarte du géant pour se diriger à ma gauche, et je constate qu'elle prend appui sur le rebord d'une plateforme en béton carrelé au-dessus du plan d'eau, on dirait une Terrasse au premier abord ? Le géant quant à lui, s'arrête un peu plus loin sur la droite et dit à la femme : « je te la laisse... ». Je ne me souviens pas du moment où je lui libère la jambe, mais je le fais et il poursuit son voyage avec une aisance innée, toujours sans me parler. Alors, je fais quelques brasses pour me rapprocher de la femme et c'est alors que m'apparaît une grande Villa. C'est à ce moment que j'ai compris que je suis dans le Domaine sous-marin, et que cette femme est une Sirène en réalité ? Et que pour m'emmener à elle, a eu besoin de ce géant, Je n'ai pas pu voir la longueur de son corps ni celle de sa Queue !!! Et je rentre dans la Villa sans rien voir et…

J'ai eu l'occasion de la voir plusieurs fois avec un retour sur Terre sans Souvenir. Pourquoi ? Je sais !

Est-ce la réalité pour vous ou un rêve éveillé ? Qu'en pensez-vous?

LE REVEIL

A mon réveil ce jour-là, je regarde le ciel. Tout est blanc et nouveau à croire
Que la Neige a remplacé les nuages, car c'est bientôt mon Anniversaire !
La fraîcheur du mois de Mars n'invite pas toujours les hommes à quitter leurs logis sans une vraie raison.
A l'Horizon de mon regard embrouillé, apparait une création de l'homme
Et que pour mieux la voir les nuages malgré eux, lui ont procuré une toile de fond.
Une Girafe mécanique se nourrit de l'Oxygène de l'air avec bruits et fracas
Dressant avec Honneur un drapeau rouge qui s'agite sous les caresses du Vent complice
Des hommes le temps de leur vie au travail, lancent un défi au ciel et au Vent.
Ce mécanisme n'est pas issu de la nature charnelle de l'homme : Un Palan jaune !
Certains diront que : C'est l'Evolution parce qu'ils ne l'ont pas connu aujourd'hui !
Mais est-ce bien une Evolution à vrai dire. Car cela n'existerait-il pas dans le Passé ? Selon les écrits d'Ecclésiaste (Le roi Salomon) oui !
Mais au fait, ne nous sommes pas tous trompés, nous les humains ??
Car une Evolution qui nous procure tracas et soucis n'en n'est pas « UNE » pour moi.
Toutes ces choses ont déjà existé, différemment c'est sûr !
Car rien que crée l'homme dans ce Monde n'est nouveau et ne se bonifie pas dans le temps à venir.
Car il devient toxique pour la Société en général.

EPREUVES ET TENTATIONS

Le 18/01/2013

L'épreuve produit la Patience,
Elle fait que la Patience accomplit l'Œuvre
Afin que nous soyons parfaits et accomplis comme le Père
En tout.
Il faut garder comme un sujet de joie, les diverses épreuves
Auxquelles nous avons pu être exposées et que nous avons surmontées.
Car si nous manquons la Sagesse pour réussir, demandons-la au Père, le Dieu
Eternel il vous la donnera comme il la donnée au roi Salomon que je cite toujours,
Elle vous sera donnée au nom de Jésus notre médiateur, Seigneur et Sauveur.
Méfiez-vous des choses attirantes, alléchantes ou gratuites, car derrière la gratuité il y a le piège ?
« Heureux l'homme qui résiste aux tentations, car après avoir été éprouvé,
Il recevra la Couronne de Vie promise par le Seigneur Jésus. »

LES SOUCIS ET LES INQUIETUDES

LE 18/O4/2013

LE GRAND PARADOXE/ 9H30

Un changement se produit en moi, mon esprit est comme éthéré,

Il va, Il vient, s'évapore et me fait perdre ma raison.

Je perds mes connections avec la Terre puis en dernier recours avec mon ami lointain.

Une énergie que je ne puis nommer dans l'instant m'envahit ; qu'elle est son but ?

Je suis agitée, plutôt déphasée. Je ne puis m'accrocher à aucune des pensées qui viennent à mon esprit.

Aucune idée ne fixe ma pensée, tant que mon esprit est troublé… Il me quitte ! Je perds son contrôle, Ciel !

Une Voix ! Une Réflexion et le mot « Nourriture » s'imposa à ma pensée. C'est ainsi que j'ai compris que le sujet de ce matin sera ceci :

La grande inquiétude de ceux qui se disent croyants dès le lever du jour serait de savoir

Ce qu'ils mangeront et comment ils s'habilleront. Pourtant il est écrit qu'il ne faut point vous inquiéter de choses que vous recevrez spirituellement du Dieu éternel ;

Car ce que la Société actuelle dite moderne enseigne est contraire aux lois divines

Elle incite l'homme à consommer à outrance même si elle n'est pas nécessaire,

A son bien-être ni à son quotidien.

Le Père pourvoira à vos demandes urgentes au nom de Jésus, uniquement si elles sont utiles,

Car le Père sait ce dont vous avez besoin.

« Manger et Boire » sont devenus plus importants que la Vie elle-même pour certains humains ?

Mais la Vie n'est-t-elle pas plus que la nourriture ?

Et le corps plus que les vêtements ?

L'homme a oublié que la puissance de la Prière est la nourriture de l'esprit pour l'âme ».

Car à trop manger et à trop boire empêchent à vos Prières d'arriver aux anges de Dieu dans le Ciel. La Bible est notre Conseiller et notre guide pour la Vie… Alors ! Où placez- vous Votre Foi quand vous récitez le « Notre Père » ?

14/9/2013

8H30

UN REVEIL ROUGE

Holà ! Un réveil rouge ce matin !

Un regard noir

Un temps gris

Et le ciel marque la couleur du Temps.

Dehors les maisons m'apparaissent comme des négatifs de Photographie

Suspendus dans l'air, que réchauffe le Vent en mode pause.

Rien ne va ? Et…

Cette Grue de malheur avec son drapeau rouge, fait un Bruit de Tonnerre à

Me faire perdre la tête, j'en ai ras le bol du Bruit et de ces travaux ?

Toujours postée sur le terrain vague qui fait face à ma fenêtre, fait tâche à mon moral

Et à mon horizon, m'inquiètent et me stressent lourdement ?

Bon ! Tout ça pour dire que personne ne me prenne la tête ce matin !

Car le fauve en moi est réveillé et que sa colère est noire.

PS : fenêtre sans son chapeau sur le « e » Aujourd'hui ça me dit, on dirait le toit d'une petite maison de mots !

Et ça me plait ! Sourire…

15/9/2013

BONJOUR MES AMIS

Le Ciel aurait-t-il compris ma bouderie ? Sans aucun doute !

Ce matin, en écartant le rideau de la fenêtre de ma chambre que je fus immédiatement aveuglée ?

Crier au miracle ! Non ! Lumière ! Oui !

L'astre Solaire plus éblouissant que jamais donne de sa lumière

A tout ! Même au Silence à un point tel, que je ne vois ni maison ni grue

Et c'est tant mieux !

Aujourd'hui le ciel prévoit une rayonnante matinée pour les habitants vraiment !

Avec le balancement des branches, le Vent fait son Show et redresse leurs cimes.

Sourire aux lèvres, je retrouve le bleu de mon ciel intérieur

Bleu-Bleu le ciel de Provence… Vence

Cet air tourne en boucle dans ma tête parce que ce matin, les nuages

Resteront dans le Tableau du Mur qui fait face à mon lit, leur Résidence de ce jour

Dans un échange parfait de bons sentiments entre lui et moi.

Demain sera un autre jour quoi qu'il en soit ?

UNE DIFFICILE MISSION TOUJOURS D'ACTUALITE

Il y a une promesse que je n'ai point respectée, celle de ni lire ni de regarder

Les actions horribles que font les déshumanisés. Je ne puis m'épanouir dans ce Monde qu'hélas je dois subir un certain temps encore « Mission oblige » avant que je le quitte !

Seule la voix et les encouragements de mon ami lointain, ont eu le pouvoir de tarir mes larmes ;

Des larmes de rébellions contre ces actions, que je n'ai pas pu maîtriser ?

Mes amis (es) d'Outre–mer me manquent… Et qu'importe cette nouvelle douleur dans mon Sternum !

Ma raison est troublée… Quand plus tard ! Ce soir ? Elle redeviendra claire,

Alors Line sourira à nouveau quand son regard se posera sur de belles images, de belles photos !

Celles qui trouveront une place certaine dans son cœur d'amour angélique…

Elle s'esclaffera… Et sera la première à soulager le cœur de ses sœurs et de ses frères d'Esprit.

Le Tentateur l'a affaiblit, en lui vidant des larmes qu'elle avait réservé à la Joie, mais elle sait qu'elle

Ne capitulera pas devant le malheur et ne participera jamais à la grande Rébellion Satanique sans Dieu. Tombée ! Elle se Relèvera de ses cendres tout comme le Sphinx jadis… Demain !

Oui Demain ! Car elle sera plus forte qu'aujourd'hui dans cette Vie hors du commun qui la nourrit

Dès sa naissance : D'ESPOIRS

QUI SUIS-JE ?

Le/14/01/2014

Je suis le Soleil, lumière du Matin

L'air que tu respires

L'Etoile qui éclaire tes nuits et qui rassure ton âme

L'Arbre que tu déracines

L'herbe que tu dis nuisible et que tu arraches

Et que tu brûles

L'herbe que tu piétines

La Montagne qui s'impose à la Terre que tu escalades

La Rivière dans laquelle tu te laves et dont tu détournes sans me consulter.

Je suis L'Eau, L'Essence de Vie des Vivants tout égoïstement sans penser aux lendemains

Des autres. Pourtant de ta bouche « Il n'y a pas de Dieu Créateur ni Eternel ? »

La Mer qui déclenche la joie et qui te nourrit

La Lune ! La Lanterne de la Nuit qui dessine tes Visions et qui te reçoit sans rendez-vous quand tu es Amoureux (ses)

Tu profites de tout ce que je crée, Tu vis de l'excès en tout.

IL EST TEMPS DE REPARER CE QUE TU AS CASSE, CAR LE SALUT VIENT DE JESUS POUR LA VIE ETERNELLE ET NON POUR MOURIR.

QUI ES-TU ALORS ?

JE SUIS TON CREATEUR, LE CREATEUR DU CIEL ET DE LA TERRE, JE SUIS L'ETERNEL ET JE SUIS VIVANT.

« Lire c'est entrer dans l'univers de celui qui écrit. Un moment intime de partage et de rapprochement des âmes.

La connaissance libère les humains de l'esprit sectaire et fait tomber les barrières de l'ignorance pour que vous vous aimer les uns et les autres comme Jésus Nous aime.

Si vous aimez mes livres alors lisez-les, car je les ai écrits pour vous. Merci ! »

Remerciements

Je remercie

La maison d'édition : La CROIX DU SALUT

Ma famille et Amicalement : Betty, Cathy, Rosy les sœurs qui se sont amusées du mime de mes Textes.

Printed by Books on Demand GmbH, Norderstedt / Germany